Lektüreschlüssel für Schüler

Theodor Fontane
Unterm Birnbaum

Von Michael Bohrmann

Philipp Reclam jun. Stuttgart

Universal-Bibliothek Nr. 15307
Alle Rechte vorbehalten
© 2001 Philipp Reclam jun. GmbH & Co., Stuttgart
Gesamtherstellung: Reclam, Ditzingen
Printed in Germany 2001
RECLAM und UNIVERSAL-BIBLIOTHEK sind eingetragene Marken
der Philipp Reclam jun. GmbH & Co., Stuttgart
ISBN 3-15-015307-7

www.reclam.de

Inhalt

1. Erstinformation zum Werk **5**
2. Inhalt **8**
3. Personen **16**
4. Werkaufbau **24**
5. Wort- und Sacherläuterungen **29**
6. Interpretation **37**
7. Autor und Zeit **52**
8. Rezeption **68**
9. Checkliste **73**
10. Lektüretipps/Filmempfehlungen **78**

Anmerkungen **80**
Raum für Notizen **82**

1. Erstinformation zum Werk

Theodor Fontane ist einer der meistgelesenen deutschsprachigen Autoren des 19. Jahrhunderts. Sein literarisches Werk umfasst zahlreiche Gedichte und Balladen, Aufsätze und Autobiographisches, nicht zuletzt einen sehr umfangreichen Briefwechsel. Den dichterischen Ruhm Fontanes begründen jedoch seine Novellen und Romane, die ohne Ausnahme in den letzten Abschnitt seiner literarischen Produktion gehören. Gerne wird insbesondere von den großen Romanen gesagt, sie seien »Alterskunst«: »In Jahren, wo die meisten Schriftsteller die Feder aus der Hand zu legen pflegen, kam ich in die Lage, sie noch einmal recht fest in die Hand nehmen zu müssen, und zwar auf einem Gebiet, auf dem ich mich bis dahin nicht versucht […]«[1] – Fontane ist 56 Jahre alt, als er beschließt, ausschließlich als freier Schriftsteller zu arbeiten.

Der Arbeit dieser späten Lebensphase Fontanes entstammt auch die Kriminalnovelle *Unterm Birnbaum*. Erste Tagebucheinträge einer Korrespondenz mit der Familienzeitschrift *Die Gartenlaube*[2] wegen einer Novelle, die Fontane dort veröffentlichen möchte, finden sich bereits im Frühsommer 1884. Im Oktober vermerkt Fontane: »Ich beginne Mitte Oktober […] meine für die *Gartenlaube* bestimmte Novelle: »Fein Gespinnst, kein Gewinnst« zu schreiben und beende sie Ende November im Brouillon.« Dieser Entwurf beschäftigt Fontane die nächsten Monate intensiv. Im August und September des Jahres 1885 kommt es zum Vorabdruck von *Unterm Birnbaum*, nun unter dem endgültigen Titel, in der *Gartenlaube*. Die Buchausgabe,

Zeitschriftenvorabdruck 1885

verlegt bei Müller-Grote in Berlin, erscheint im November 1885; der Verleger hatte sich nach dem Vorabdruck in der *Gartenlaube* wohl selbst an Fontane gewandt, um die Novelle zu drucken.

Buchausgabe im selben Jahr

Der Stoff

Fontane beschäftigte der Stoff, der verschiedene, teils weit zurückreichende Quellen hat, bereits seit langem.

Drei weit zurückreichende Quellen

Ein Kindheitserlebnis aus der Swinemünder Zeit hat wohl besonderen Eindruck auf Fontane gemacht. Ein Flussschiffer hatte gemeinsam mit seiner Frau eine Witwe und ihre Bedienstete wegen 100 Talern ermordet; das Ehepaar wurde hingerichtet und Fontanes Vater stand der Bürgerschaft vor, die die Exekution bewachen musste. Im Hause Fontane wurde von der Sache geredet: »Ich kenne auch die Einzelheiten, aber ich erzähle sie nicht« – sowohl in der Autobiographie wie auch in der Novelle spart Fontane die Schilderung der Tat selbst aus.[3]

Ein Mord um 100 Taler

Eine Erinnerung aus Fontanes Jugendjahren ist eine weitere stoffliche Quelle der Erzählung. Im Oderbruchstädtchen Letschin verschwindet im Jahre 1836 ein Getreidereisender aus Stettin. Das Paar, das den Gasthof führt, in dem der Vertreter abgestiegen ist, gerät unter Mordverdacht, der allerdings nie bestätigt wird. Im Garten des Gasthauses findet man Jahre später ein Skelett; ob der

Ein Getreidereisender verschwindet

Tote jedoch der Reisende ist, wird nie geklärt. Die Stadt Letschin diente Fontane als Vorlage für das Oderbruchdorf Tschechin; er kannte sie sehr gut, denn sein Vater besaß dort eine Apotheke und Fontane selbst verbrachte zwischen 1832 und 1850 immer wieder längere Zeitabschnitte dort.

Die Vorlage für Tschechin

Aus der Entstehungszeit der *Wanderungen durch die Mark Brandenburg* schließlich ist eine Anekdote über das Städtchen Dreetz überliefert, die Fontanes Schwester Elise berichtet und die Fontane zur weiteren Ausgestaltung in *Unterm Birnbaum* veranlasste. Dort war ein vor Zeiten verscharrter französischer Soldat entdeckt worden; über der Fundstelle hatte man anlässlich der Reichsgründung 1870/1871 ein triumphales Denkmal errichtet.

Der verscharrte Franzose

> Fontane bedient sich historischer Quellen und Anekdoten in der Stoffsammlung für seine Novelle, die er um gute 50 Jahre in die märkische Vergangenheit zurückverlegt. Sein Gegenstand – die Geschichte eines Verbrechens – ist überzeitlich, sein Thema – Selbstverlust und Selbstzerstörung des Menschen in einer Gesellschaft, die zusehends ihre Werte verliert – ist zur Zeit der Entstehung der Novelle und bis heute aktuell.

2. Inhalt

Zusammenfassung

Der Gastwirt und Dorfkrämer Tschechins hat finanzielle Sorgen. Um drohender Armut zu entgehen, setzt er gemeinsam mit seiner Frau und gegen deren Bedenken einen finsteren Plan in die Tat um. Der Vertreter einer Firma, bei der Hradscheck Schulden hat, verunglückt mit seiner Kutsche, gerade an dem Morgen, als der Gastwirt seine Schulden beglichen hat; seine Leiche wird nicht gefunden. Sofort fällt ein Verdacht auf Hradscheck. Er wird verhaftet, kann aber die Verdachtsmomente entkräften, die auf ihn als Täter hindeuten. Hradscheck lebt wieder angesehen im Dorfkreis, seine Frau hingegen stirbt noch vor Jahresfrist. Nach kurzer Trauerzeit gibt sich Hradscheck geselliger denn je, eine erneute Heirat ist geplant. Die zunehmende Furcht des Gesindes vor einem angeblichen Spuk im Keller des Gasthauses offenbart schließlich die Untat. Hradscheck, der Szulski tatsächlich ermordet und im Keller verscharrt hat, beschließt den Leichnam umzubetten. Bei der Ausgrabung der Leiche unterläuft ihm ein Fehler, aufgrund dessen er die Nacht mit der Leiche im Keller eingesperrt ist. Am Morgen des nächsten Tages wird Hradscheck im Keller tot aufgefunden, neben seinem halb freigescharrten Opfer liegend.

I,5–11: Spätsommer des Jahres 1831 im Oderbruch. Abel Hradscheck, Gastwirt und Dorfkrämer im reichen Dorf Tschechin, hat Geldsorgen. Aufwendungen für Umbauten an Gasthaus und Laden, die wertvolle Einrichtung der

Wohnstube, zudem Hradschecks Hang zu Wein und Spiel haben dazu geführt, dass der Wirt gegen ihn erhobene Geldforderungen nicht begleichen kann. Hradscheck wird von seiner Frau Ursel wegen seiner Trinkfreude und der Erfolglosigkeit seines Lotteriespiels heftig getadelt.

II,11–16: Tatsächlich hat Hradscheck erneut mit dem Lotterielos kein Glück; immer öfter sinnt er nun über einen Ausweg nach, der Not zu entgehen. Eine Bemerkung seiner Nachbarin Jeschke lässt ihn dabei deren angebliche Hexenkräfte fürchten: Ahnt sie vielleicht bereits etwas? Da findet Hradscheck in seinem Garten unter einem Birnbaum die alten Überreste eines französischen Soldaten. Dieser Fund lässt seine Pläne feste Gestalt annehmen. Er beschließt, seine Frau einzuweihen.

Die vermeintliche Hexe

III,16–22: Im folgenden Gespräch machen sich die Eheleute zunächst nur Vorhaltungen. Während Hradscheck seiner Frau ihren Geltungsdrang vorwirft, den er als Hauptgrund der materiellen Sorgen ausmacht, hält Ursel ihrem Mann entgegen, er sei ein schlechter Kaufmann und ebensolcher Wirt, darin liege der Grund aller Probleme. Einig sind beide sich allerdings darin, dass in jedem Fall die Armut abgewendet werden muss. Hradscheck erläutert Ursel den Plan und die Angst vor Armut überzeugt schließlich seine Frau.

Wechselseitige Vorhaltungen der Eheleute

IV,22–30: Einige Wochen später erhält Hradscheck einen Brief; den anwesenden Dorfbewohnern macht er Andeutungen über eine Erbschaft seiner Frau, lässt die Summe aber im Dunkeln. Ein weiterer Brief einige Wochen später kündigt den Weinreisenden Szulski an und enthält die

Eine vorgebliche Erbschaft

Forderung nach vollständiger Begleichung aller Schulden bei seiner Firma.

V,30–38: Ende November trifft Szulski spätabends bei schlechtem Wetter ein. Ohne Umstände zahlt Hradscheck seine Schuld. Nach dem unerwartet problemlosen Handel verbringt man entspannt einen geselligen Abend mit einigen Dorfbewohnern. Ausführlich berichtet der Vertreter in dessen Verlauf vom gerade niedergeschlagenen Aufstand der Polen gegen die russische Herrschaft, es wird gesungen und viel getrunken.

Ein geselliger Abend

VI,38–41: Gegen Mitternacht verlässt Szulski die Gesellschaft, er möchte sehr früh geweckt werden. In dieser Nacht lässt der heftige Sturm Hradschecks Nachbarin Jeschke nicht schlafen. Vom Lärm des umstürzenden Gartenzauns ans Fenster getrieben, wundert sie sich zunächst über den Lichtschein im Nachbarhaus. Schließlich meint sie zu sehen, wie Hradscheck einen größeren Gegenstand in seinem Garten unter dem Birnbaum vergräbt.

Beobachtung im Sturm

VII,41–44: Wie gewünscht wird Szulski gegen vier Uhr geweckt. Nach einiger Verzögerung erscheint er in der Wirtsstube, allerdings, in deutlichem Kontrast zum Vorabend, schweigsam und verändert in seiner Art – nicht ausgeschlafen, meint Hradscheck. Schließlich besteigt Szulski seinen Einspänner und verlässt Tschechin.

Szulski verlässt Tschechin

VIII,44–49: Um die Mittagszeit des folgenden Tages erreicht das Gasthaus die Nachricht von einem Unfall am Flussdamm – in der Oder liege ein Fuhrwerk. Gemeinsam mit dem Dorfschulzen Woytasch und dem befreundeten Bauern Kunicke fährt

Szulskis »Unfall«

Kunicke fährt Hradscheck zur Unfallstelle. Tatsächlich ist, wie Hradscheck bereits befürchtet hat, der Einspänner Szulskis in die Oder gestürzt; von dem Weinreisenden wird allerdings nichts gefunden außer seiner Pelzmütze.

IX, 49–56: Schnell gerät Hradscheck in Verdacht, das zuständige Küstriner Gericht muss dem Dorfgerede schließlich nachgehen. Aber die Einschätzung der Hradschecks, um die Justizrat Vowinkel seinen Freund Eccelius, den Pastor Tschechins, bittet, fällt so günstig aus, dass zunächst keine offizielle Untersuchung geführt wird. Erst als bekannt wird, dass in der Unglücksnacht Ursel Hradscheck vom Damm kommend gesehen wurde, beschließt Vowinkel die Sache wieder aufzunehmen und die Angestellten Hradschecks zu vernehmen. Die Ergebnisse dieser Befragungen verstärken noch den Verdacht gegen den Wirt, sodass Vowinkel die Verhaftung Hradschecks anordnet.

> Der Pastor verwendet sich – nur ein Aufschub der Untersuchung

X, 56–64: Hradscheck wird verhaftet. Als sich aber nach drei Wochen kein Fortschritt in der Untersuchung ergibt, schlägt die Stimmung im Dorf zugunsten Hradschecks um. Unbeirrbar überzeugt von Hradschecks Schuld ist allein Gendarm Geelhaar, aufgrund einer Nichtigkeit ein persönlicher Feind des Wirtes. Während eines halbamtlichen Besuches bei der alten Jeschke erfährt Geelhaar vom schlechten Befinden Ursels und von Hradschecks Grabungsarbeiten in der Nacht vor Szulskis Unfall. Überzeugt davon, Hradscheck nun überführen zu können, erstattet Geelhaar dem Dorfschulzen Meldung.

> Verhaftung Hradschecks

XI, 64–69: Nun wird im Beisein Hradschecks im Garten des Wirtshauses ein Lokaltermin abgehalten. Man gräbt an

> *Lokaltermin – der Franzosenfund*

der fraglichen Stelle und bald werden die Überreste einer Leiche entdeckt. Doch der Zustand des Toten zeigt an, dass er bereits lange vor Hradschecks Zuzug nach Tschechin hier verscharrt wurde, Hradscheck an diesem Verbrechen daher keinen Anteil haben und der Tote schon gar nicht der vermisste Szulski sein kann. Allein die alte Jeschke ist offenbar von Hradschecks Unschuld nicht überzeugt.

XII,69–73: Nach einem abschließenden Verhör, in dem Hradscheck auch den Grund für seine heimlichen Grabungen erklärt – die Beseitigung verdorbenen Specks – und seine Angaben sich als richtig erweisen, wird er aus der Haft entlassen. Zurückgekehrt nach Tschechin erschreckt ihn der schlimme Zustand Ursels, die gealtert und krank zu sein scheint. In der Predigt am darauffolgenden Sonntag macht der Pfarrer denen Vorwürfe, die sich gegen Hradscheck gestellt haben.

> *Öffentliche Rehabilitation Hradschecks – die Predigt des Pastors*

XIII,73–82: Allmählich lässt nun selbst die alte Jeschke die Geschichte ruhen, im Dorf spricht man kaum noch davon. Gesprächsstoff ist vielmehr der tote Franzose, der viel Anlass zu Spekulation bietet. Hradscheck beeindruckt schließlich die Tschechiner, indem er dem Toten aus Dankbarkeit und auf eigene Kosten in seinem Garten ein Grabmal errichten lassen möchte. Und Hradscheck ist aktiv, er führt umfangreiche Umbauten an seinem Wohnhaus durch, möchte schließlich auch noch den Keller erhöhen lassen, lässt aber nach Beratung mit dem Zimmermann beunruhigt davon ab. Während eines leutseligen Abends im Herbst versetzt der Fund eines Rockknopfes, der den Knöpfen am

> *Umbau und Knopffund – Hradschecks Beunruhigung wächst*

Rocke Szulskis genau gleicht, Hradscheck in äußerste Unruhe. Als die alte Jeschke unverhohlen auf die Geschehnisse der Mordnacht anspielt, droht ihr Hradscheck mit einer Verleumdungsklage.

XIV,83–89: Während dieser Sommer für Hradscheck günstig verlaufen ist, hat seine Frau sich ganz zurückgezogen. Eine neue Eigenschaft an ihr ist ein heftiger Geiz, ihr vordringlichstes Interesse ist die Fertigstellung des Umbaus. Körperlich verfällt sie zusehends und die Tschechiner erwarten schon ihren baldigen Tod. Nach dem Bezug der neuen Räume bessert sich Ursels Zustand; doch ist dies nur ein Aufschub und bald schreitet ihr Verfall umso schneller voran. Ende September stirbt Ursel, Hradscheck das Versprechen abnehmend, Szulski von ihrem ersparten Geld Seelenmessen lesen zu lassen.

> Ursel Hradschecks Tod

XV,90–94: Ursel Hradscheck wird zu Grabe getragen; Frieden schließt das Dorf mit ihr, der Zugezogenen, Hochmütigen, jedoch nicht. Nur Eccelius ergreift ein weiteres Mal Partei für die Verstorbene und klagt jene an, die schlecht von ihr gesprochen haben. Im Dorf ist derweil bereits von erneuter Heirat Hradschecks die Rede.

> Eccelius verteidigt Ursel

XVI,94–97: Das Ursel zuletzt gegebene Versprechen – die Messen für Szulski – bringt Hradscheck in Bedrängnis. Genau kalkulierend trägt er den Sachverhalt Eccelius vor. Diesen trifft die offenkundige Rückbesinnung der bekehrt geglaubten Ursel auf den Katholizismus hart; also unterstützt er Hradscheck in der Absicht, von dem Geld, das für die Messen gedacht war, seiner Frau ein wertvolles Grabkreuz errichten zu lassen. Im Frühling wird

> Ein Kreuz für Ursel – noch ein Schachzug

das Kreuz aufgestellt. Im Gespräch darüber wird einmal mehr die im Dorf herrschende Neigung zum Aberglauben offenkundig.

XVII,98–106: Die fromme Zurückhaltung, die Hradscheck in diesen Tagen zeigt, hält nicht lange an. Wie schon im Winter lebt er wieder sehr gesellig, reist häufig nach Frankfurt (Oder) und Berlin und bringt von dort Anekdoten mit, die er in seiner Wirtsstube unter großem Beifall zum Besten gibt; inzwischen hat er auch konkrete Heiratspläne. Bei einem dieser geselligen Abende verweigert Ede, nach Wein geschickt, den Gang in den Keller mit der Begründung, es spuke dort; tatsächlich aber hat die alte Jeschke den Gehilfen auf diesen Gedanken gebracht.

> *Spuk im Keller*

XVIII,106–109: Hradscheck, nun völlig außer Fassung und selbst von abergläubischer Furcht geschüttelt, spricht mit der Jeschke über den Vorfall. Die erhoffte Klärung erhält er dabei nicht, die Jeschke legt sich auf seine Frage hin nicht fest, ob es so etwas wie Spuk nun gebe oder nicht.

> *Zunehmender Kontrollverlust Hradschecks*

XIX,110–115: Hradscheck beschließt, getrieben von Angst und Unruhe, den Ermordeten, der wirklich in seinem Keller liegt, umzubetten. Nachdem alle Gäste gegangen sind, beginnt er sein Vorhaben. Damit der Lichtschein aus den Fensterritzen nicht wieder Aufmerksamkeit erregt, klebt er seine Laterne mit Papier fast vollständig ab, doch ohne den erwünschten Erfolg. Schließlich nimmt Hradscheck ein Brett vom Boden, das die im Flur liegenden Ölfässer am Rutschen hindern soll, um das Kellerfenster lichtdicht zu verschließen.

> *Der Tote soll umgebettet werden*

XX,115–120: Am nächsten Morgen wird Hradscheck vom Gesinde vermisst. Schnell trifft man im Wirtshaus zusammen. Inzwischen hat Ede die über die Falltür verrutschten Ölfässer entdeckt; als man den Keller öffnet, liegt dort der tote Hradscheck, im angrenzenden Weinverschlag aber findet man die halb freigescharrte Leiche Szulskis.

> Hradschecks Ende

3. Personen

> Daß keine schöne, herzquickliche Gestalt darin ist, wer dies auch gesagt haben mag, ist richtig und keine üble Bemerkung [...][4]

Das Paar

Abel Hradscheck. Der Eindruck, den Abel Hradscheck hinterlässt, ist zunächst durchaus kein schlechter. Zu seinem Gesinde ist er gutmütig, auch wenn dieses sich nicht immer geschickt anstellt (6), und freundlich ist er auch mit seiner Kundschaft. Doch kann der gesellige Umgang mit seinen Stammgästen – den alteingesessenen Reichen des Dorfs – nicht darüber hinwegtäuschen, dass Hradscheck keineswegs auf gleicher Höhe mit diesen verkehrt.

> Soziale Stellung

Denn Hradscheck ist ein Zugezogener, der überdies nicht dem geachteten Bauernstand angehört, vielmehr ist er kleiner Leute Kind (50) und als Sohn eines Zimmermanns im Nachbarort Neu-Lewin aufgewachsen. Zwar ist sein Gasthaus keine einfache Dorfschänke und sein Kramwarenhandel nicht ohne Bedeutung für den Ort; dennoch nimmt er in der sozialen Hierarchie des Dorfes eine untergeordnete Stellung ein: »Ein Bauerngut geht vor Gasthaus und Kramladen« (46). Hradscheck ist letztlich nur ein Dienstleister, der sozial nicht die volle Achtung der produzierenden Bauern genießt und während der Fahrt zum vorgeblichen Unglücksort auf dem Kutschbock Platz nehmen muss, während Kunicke, der Bauer, neben dem Dorfschulzen sitzen darf (46).

Hradschecks Wurzeln liegen, sein Name verrät es, in Böhmen, deutlich ferner als nur im Nachbardorf; seine Familie ist in der Folge der Kolonialisierung des Oderbruchs nach Neu-Lewin gekommen. Die im Familiennamen Hradscheck enthaltene tschechische Wurzel *hráč* bedeutet ›Spieler‹ und gibt Aufschluss über Abel, der seinen Namen in mehrerlei Hinsicht zu Recht trägt. Da sind zum einen Hradschecks abendliches Würfeln und sein glückloses Lotteriespiel, die ihm zu schnellem Geld verhelfen sollen. Zum anderen ist in Hradschecks Namen die Unruhe und Beweglichkeit der Spielernatur bezeichnet, die Abel zu Eigen ist. Besonders in seiner Fähigkeit, auf veränderte Situationen rasch und planvoll zu reagieren, zeigt sich diese Beweglichkeit. Der Zimmermann Hradscheck wird Krämer, sobald ihm sein Handwerk nicht mehr gefällt, der Liebhaber zum Auswanderer, sobald ihm das Verhältnis lästig wird (50), der erfolglose Wirt und Kaufmann wird zum Mörder, sobald die Situation ihm nur ausweglos genug erscheint. Dabei steht seiner Beweglichkeit eine monströse Gleichgültigkeit zur Seite und bedingt diese zugleich: Nachdem das Paar den Mordplan beredet hat, betet Ursel den Rosenkranz; Abel hingegen poussiert im Laden mit den Bauerntöchtern (29). Und auch an anderer Stelle zeigt Hradscheck diese Gleichgültigkeit – auffällig ist sie beispielsweise im Umgang mit dem Tod der gemeinsamen Kinder. Hier fehlt nicht nur Trauer über den Verlust der Kinder, Hradscheck begrüßt ihren frühen Tod auch ganz offen als materielle Entlastung (9).

> Böhmische Herkunft

> Die besondere Beweglichkeit Hradschecks

> Ichbezogenheit und Mitgefühl

Dabei fehlt es Hradscheck keineswegs an Mitgefühl; gerade Ursel begegnet er warmherzig und verständnisvoll. Vielmehr liegt dieser Gleichgültigkeit eine nahezu vollkommene Ichbezogenheit zugrunde, die immer den eigenen Vorteil im Auge hat, gerade auch in seinen persönlichen Bindungen.

> Dieser pragmatische Egoismus Hradschecks ist dabei auf gewisse Weise sogar unbedarft – die vollständige Abwesenheit grundlegender Werte setzt Hradscheck außerstande, einen anderen Maßstab seines Handelns einzusetzen als sich selbst; damit wird er aber zum ›Soziopathen‹, einem Menschen, der zum Leben in Gemeinschaft eigentlich nicht fähig ist. An die frei gebliebene Stelle moralischer Werte oder Glaubensinhalte tritt ein äußerst rationaler und selbstbewusster Umgang mit der Welt; oder aber ein tief wurzelnder Aberglaube, der immer dann zum Vorschein kommt, wenn Hradschecks rationaler Zugang zur Welt zu versagen droht, wenn ihn seine Spielernatur ins Schwanken bringt und er unsicher ist. Letztlich führt Hradschecks die Übermacht erlangender Aberglaube seinen Tod herbei.

Ursel Hradscheck. Anders als der gesellige Abel ist Ursel Hradscheck im Dorf keineswegs beliebt. Weit aus dem ›Hannöverschen‹ (50) kommend, bleibt die ebenfalls Zugezogene immer auch eine Fremde im Dorf. Zu deutlich möchte sie sich von den Dorfbewohnern unterscheiden, zu offen verachtet sie deren Lebensweise und setzt dieser eine eigene entgegen, die auf Bildung – oder was sie darunter versteht – und einen unangemessen hohen Lebensstandard besonderen Wert legt (18 f.). Zugleich, so betont der Erzähler, ist sie auch zum Zeitpunkt der Geschehnisse eine immer noch schöne Frau (9) und muss es daher um so mehr zehn

Distanz und Dünkel

Jahre zuvor, zum Zeitpunkt ihrer Ankunft in Tschechin, gewesen sein.

Ihre – inzwischen verblassende – Schönheit, die den Neid der Frauen des Dorfes weckt (26f.), und ihr die Dorfbewohner provozierender Dünkel reichten bereits aus, um die Ablehnung Ursels im Dorf zu erklären. Zudem aber entstammt sie einer nicht-reformierten Region des Nordens, ist also katholisch. Sie konvertiert jedoch unter Anleitung des Pastors Eccelius – den sie darum bittet – zur evangelischen Lehre, als sie mit Abel nach Tschechin zieht. Ein nur oberflächlicher Wandel, wie sich bald zeigt (89). Sehr viel verdächtiger noch ist Ursels Vergangenheit: Eine Springerin (27), also eine fahrende Komödiantin soll sie gewesen sein – der Pastor nennt sie Schauspielerin (50) – und dies ist deutlich mehr, als der biedere Bauernstand zu akzeptieren bereit ist.

> Verdächtige Biographie

Hier verknüpfen sich die Lebensfäden der zwei Menschen. Der Spieler und die Fahrende finden sich, als Abel fünfzehn Jahre zuvor auszuwandern beabsichtigt und in der Dorfherberge, die ihre Eltern bewirtschaften, Ursel kennen lernt. Krank und elend ist sie gerade nach mehreren Jahren Fahrt nach Hause zurückgekehrt (50). Unzweifelhaft hat bei der Knüpfung des starken Bandes zwischen Abel und Ursel »der kleine Gott mit dem Bogen und Pfeil [...] eine Rolle gespielt« (51). Und doch wird die rasch eingegangene Ehe zu gleichen Teilen auch durch die unsichere Lebenssituation beider und nicht zuletzt durch Abels Mitleid mit Ursel gestiftet.

> Ursel und Abel – Liebe, Mitleid, Unsicherheit

Ganz anders als Hradscheck, dessen Spielernatur durch fehlende moralische Werte unberechenbar und gefährlich

> **Ursels Glaube – Stütze und Korsett**

wird, besitzt Ursel in ihrer Verwurzelung im Katholizismus sehr wohl einen Halt, der ihre Grundwerte bestimmt. An der Oberfläche fehlt ihr dieser zwar: Große Teile ihres Lebens waren enttäuschend und bitter – Dünkel und »Vornehmtun« haben in dieser Haltlosigkeit ihren Ursprung. Das moralische Gerüst aber, das der Glaube ihr verleiht, wird zum Korsett und verhindert, dass sie ihr Vergehen, die Mithilfe an der Ermordung Szulskis, seelisch und körperlich verwinden kann. Sühne kann nach ihrem Verständnis nur auf eine, und zwar wenig christliche Weise geschehen: durch den Tod.

Die Gegenspieler

Mutter Jeschke. Noch bevor Leserin und Leser Hradschecks Frau kennen lernen, werden sie mit seiner Nachbarin, der alten Jeschke, bekannt gemacht; dies geschieht nicht zufällig, denn sie ist die wahre Gegenspielerin Hradschecks. Dabei besteht vordergründig keinerlei Feindschaft zwischen ihnen; und dennoch ist Mutter Jeschke für Hradscheck »schlimme Nachbarschaft« (13). Dabei erklärt sich sein Abgrenzungsbedürfnis einerseits aus der sozialen Stellung der Jeschke: Ganz am Ende der Dorfhierarchie steht sie, der Umgang mit ihr wird nur heimlich gepflegt (60, 72, 96). Hradscheck selbst sieht sich dagegen im Kreise der Dorfelite der reichen Bauern, und wenn er auch nicht zu diesen gehört, so nimmt er doch deren Blickwinkel ein, den der duldenden Verachtung. Zugleich aber hat

> **Soziale Ausgrenzung**

> **Angebliche Hexenkräfte**

er Angst vor der Jeschke – besonders aufgrund der magischen Kräfte, die ihr der Dorfklatsch zuspricht, ist sie für Hradscheck die schlimme Nachbarschaft: Sie bespreche Blut, könne den Tod eines Menschen vorhersagen und noch mehr (13), so sagt man; und Hradscheck glaubt dies auch – bisweilen.

Neben ihrer geringen sozialen Stellung trägt die Diffamierung Jeschkes als Dorfhexe (u.a. 15, 60, 81) besonders zu ihrer Ausgrenzung bei; einer Ausgrenzung, die sich sowohl bei Zusammenkünften der Gemeinschaft – in der Kirche sitzt oder steht sie abseits (72, 93) – als auch in der baulichen Ordnung im Dorf widerspiegelt. Ihr Haus, von der Straße etwas zurückgesetzt (7), ist klein und baufällig, und da sein Eingang seitlich an Hradschecks Garten angrenzend liegt, zeigt es dem Dorf mit einer der Giebelwände gewissermaßen die kalte Schulter. Dies ist auch die Haltung, die Jeschke – sofern sie nicht eingeschüchtert wird (63, 73, 82) – dem Gerede der Tschechiner entgegenbringt. Gerade die Ausgrenzung durch die Dorfgemeinschaft ist es aber auch, die der alten Frau den objektiveren Blick des neugierigen Zaungastes verleiht (7), den Blick von außen. So ist sie als einzige der Dorfgemeinschaft in der Lage, Hradscheck und seine Handlungen einzuschätzen.

> Sichtbare Zeichen der Ausgrenzung

> Objektiver Blick von außen

Gendarm Geelhaar. Ebenfalls ein Gegenspieler Hradschecks ist Geelhaar, der Gendarm des Dorfes. Anders aber als die Jeschke, die von außen und ohne wirkliches Eigeninteresse den Verlauf des Falls Hradscheck verfolgt, steht Geelhaar in tiefer Feindschaft zu dem Wirt. Ein eigentlich nichtiger Anlass, ein nicht sonderlich gewitztes Wortspiel Hradschecks, trifft Geelhaar, und dieser, ein obrigkeitshöriger Angeber von beschränkten Geistesgaben, lässt sich provozieren, ohne rechte Widerworte finden zu können (59). So beruht Geelhaars feste Überzeugung von Hradschecks Schuld nicht auf einer tieferen Einsicht, wie die Jeschke sie besitzt, sondern allein auf der erfahrenen Kränkung und der daraus resultierenden erbitterten Feindschaft zu Hradscheck; seine hartnäckige Verfolgung des Wirts hat in erster Linie persönliche Gründe.

Ein gekränkter Dorfbüttel

Geistliche Obrigkeit

Pastor Eccelius. Ein wichtiger Mann in Tschechin ist Eccelius, der Dorfpastor. Bereits zwei Wochen nach Ursels Ankunft in Tschechin überträgt sie ihre geistliche Führung dem Pastor – sie konvertiert, legt ihren katholischen Glauben ab. Von da an fühlt sich Eccelius für sie verantwortlich und ergreift aus dieser Haltung heraus für das Ehepaar gleich mehrfach Partei – als er sich vor dem Küstriner Gericht für beide verwendet (50 f.), in seiner Predigt nach Hradschecks Haftentlassung (71 f.) und bei der Grabrede für Ursel (92 f.).

Geistliche Führung für Ursel

Dabei ist Eccelius so sehr in der Rolle des Missionierenden befangen, dass er Ursels starke Bindung an den »alten Aberglauben« (51) völlig verkennt. Aufgrund seines fehlenden Gespürs für Menschen erkennt er nicht die Not der Verzweifelten, die den erhofften Beistand bei Eccelius nicht findet (84). Umso mehr trifft es den Pastor, als

Mangelhafte Einfühlung

3. PERSONEN

Hradscheck ihm in einer geschickten Manipulation Ursels Rückfall zum Katholizismus eröffnet (94f.).

Weltliche Obrigkeit

Schulze Woytasch, Justizrat Vowinkel. Als eigenständige Figuren treten weder der Dorfschulze noch der Justizrat besonders in den Vordergrund; vielmehr sind sie vorwiegend auf ihre Funktion reduzierte Exekutivorgane der neumärkischen Gesellschaft. In diesen Funktionen, als Exponenten dieser Gesellschaft, erweisen sie sich als ebenso blind und unfähig wie der Pastor.

> Versagende Exekutivorgane

Das Opfer zum Schluss

Der Weinreisende Szulski. Der Vertreter der Weinhandlung Olszewski-Goldschmidt & Sohn in Krakau, eigentlich ein »Schulz aus Beuthen«, der »den Nationalpolen erst mit dem polnischen Samtrock […] angezogen« hat (31) – noch einer, der nicht ganz ist, was er zu sein scheint, dafür aber außerordentlich lebendig und anschaulich – vielleicht auch nur erfundene – Einzelheiten des polnischen Aufstandes berichten kann.

> Auch einer, der nicht ganz ist, was er zu sein scheint

4. Werkaufbau

Der zeitliche Rahmen

Der gesamte Zeitraum der Erzählung umfasst zwei Jahre, er ist – aus Sicht des Autors – um etwa fünfzig Jahre zurückverlegt in die Zeit von Spätsommer 1831 bis Oktober 1833; in zwanzig verschieden langen Kapiteln werden die Geschehnisse dargestellt. Je nach Bedeutung der Ereignisse und Absicht des Erzählers erfolgt die Darstellung in unterschiedlicher Raffung. Wenn es dem Erzähler wichtig erscheint, werden Vorgänge und handelnde Personen äußerst genau und scheinbar objektiv geschildert, genauso aber werden im Sinne der dramatischen Zuspitzung Zeiträume von mehreren Monaten einfach übersprungen und in überleitenden Sätzen abgehandelt.

Zwei Jahre erzählte Zeit

Unterm Birnbaum als Novelle

In seinen Äußerungen hat Fontane *Unterm Birnbaum* stets als Novelle bezeichnet. Daher sei hier zunächst eine knappe Definition gegeben.

Eine Novelle ist eine kürzere Erzählung, meist in Prosa, die sich durch straffe Handlungsführung, thematische Konzentration und formale Geschlossenheit auszeichnet; darin unterscheidet sie sich vom breiter angelegten Roman. Der tatsächliche Umfang der Novelle kann stark variieren. Erzählt wird eine *unerhörte Begebenheit* – gemäß

Novelle – Kurzdefinition

4. WERKAUFBAU

der Goetheschen Definition von 1827 –, die in einem einzigen Erzählstrang geradlinig auf die Lösung eines Konflikts hindrängt. Darin und auch in der formalen Struktur zeigt die Novelle deutliche Parallelen zum klassischen Drama. Strukturbildende Elemente des Dramas finden sich hier wieder: **Exposition** (Einführung der Figuren und des Konfliktes), **steigerndes Moment**, **Peripetie** (Höhe- bzw. Wendepunkt), **retardierendes** (verzögerndes) **Moment** und **Katastrophe** (Lösung des Konfliktes).

Strukturgliederung des Textes

In den Kapiteln 1 – 3 werden zunächst die handelnden Figuren, ihr Milieu und der Hauptkonflikt – das finanzielle Problem der Hradschecks – eingeführt. Die Kapitel 4 und 5 befassen sich bereits mit den Tatvorbereitungen, allerdings erst rückblickend sicher als solche erkennbar; diese fünf Kapitel tragen deutlich einführenden, expositionsartigen Charakter. Die Kapitel 6 und 7 umfassen die Tatnacht, Hradschecks nächtliche Grabarbeiten und Szulskis bzw. Ursels morgendlichen Aufbruch; diesen beiden Kapiteln kommt mit der – nichterzählten – Tat die Funktion des Wendepunktes zu, der die Erzählung in zwei unterschiedlich große Teile gliedert. Nach den romantischen Autoren Tieck und Schlegel ist das Wesentliche an der Novelle gerade dieser »scharf herausgearbeitete Wendepunkt« – der hier im allerdings nicht geschilderten Verbrechen besteht.

Exposition

Peripetie

Der zweite, deutlich umfangreichere Teil der Novelle läuft nun über verschiedene Stationen – im Sinne des Dramenaufbaus retardierende Momente – unausweichlich auf die Katastrophe zu, Hradschecks Tod und die gleichzeitige Aufdeckung des wahren Hergangs. Der Fund des verunglückten Einspänners am nächsten Tag, die vergebliche Suche nach Szulskis Leiche, der Verdacht gegen Hradscheck und seine Verhaftung, schließlich seine vollständige Rehabilitation bilden die Kapitel 8–12. Das »Umbau-Kapitel«, wo – rückblickend betrachtet – der Tatort zerstört und damit Ursel das Leben im Hause erträglicher gemacht werden soll, und Ursels Verfall bis hin zu ihrem Tod und Begräbnis folgen (Kap. 13–15). Mit der Errichtung des Grabkreuzes für Ursel in Kapitel 16 beweist Hradscheck nochmals seine bewegliche Verschlagenheit; dieses Kapitel bildet in der Instrumentalisierung von Ursels Tod das Gelenk zu den vier letzten Kapiteln. Dort werden Hradschecks Vergnügungen in der Großstadt und seine beabsichtigte Wiederverheiratung, seine immer spektakuläreren Auftritte im eigenen Gasthaus und die sich gleichzeitig immer weiter steigernde abergläubische Verwirrung bis zu seinem seltsamen Ende erzählt.

> Absteigende Linie zur Katastrophe

An Fontanes Erzählung wird deutlich, weshalb der Dichter Theodor Storm, Zeitgenosse Fontanes, die Novelle als »Schwester des Dramas« bezeichnet hat. Wie im Drama werden in der Novelle der Erzählstrang aus einem in Handlung, Figuren und Konflikt einführenden Beginn (Exposition, s. o.) über den dramatischen Wendepunkt hin zur Lösung des Konfliktes, der Katastrophe, entwickelt. Und wie der *plot* eines Theaterstückes liest sich auch die oben dargelegte Verlaufsstruktur der Erzählung in ihrer Einsträngigkeit und dramatischen Zuspitzung.

> Novelle und Drama – Geschwister

4. WERKAUFBAU

Eine weitere bekannte Novellendefinition liefert Paul Heyse, ebenfalls Zeitgenosse Fontanes und wie Storm mit diesem persönlich bekannt. Heyse fordert in seiner Falkentheorie aus dem Jahre 1871 für die Novelle die Existenz eines Leitsymbols – des so genannten *Falken* –, das den dramatischen Konflikt der Novelle im Erzählverlauf handlungslogisch zusammenbindet.[5] Da Fontane sich mit dem veränderten Titel der Novelle indirekt auf *Die Judenbuche* der Droste bezieht – dort wird das Leitsymbol im Titel bezeichnet –, der Leser daher im Birnbaum ein solches Symbol vermutet, stellt sich die Frage, inwiefern der Baum tatsächlich die Funktion des *Falken* in der Novelle übernimmt. Dies kann erst die Interpretation erweisen (s. Kap. 6).

> Heyses Falkentheorie

Eine Kriminalnovelle?

Immer wieder wurde zu Fontanes Novelle überlegt, ob sie eher den Vorgaben der Kriminalgeschichte oder denen der Detektivgeschichte folge; tatsächlich spiegelt die formale Zweiteilung der Erzählung Aspekte beider Textsorten wider.[6] Während im ersten, eher kriminalgeschichtlichen Teil die Geschichte eines Verbrechens und seines Täters erzählt wird – hier stehen Milieu und Tatmotiv im Vordergrund des Erzählerinteresses –, wendet sich der zweite, eher detektivgeschichtliche Teil der Novelle dem Vorgang der *detection*, der Aufklärung zu, der nachträglichen Rekonstruktion des Hergangs anhand von Indizien.

> Kriminalgeschichte einerseits

Auffällig ist allerdings, dass hier eine Kriminalgeschichte erzählt wird, in der das Verbrechen unerzählt bleibt, und

> Detektiv-
> geschichte
> andererseits

dass die Detektivgeschichte nicht nur ohne Detektiv auskommen muss – es sei denn, man akzeptierte den Leser in dieser Rolle –, sondern zudem die angestrebte Aufklärung der Tat hinter der psychologischen Motivierung des Täters zurücktritt. Eine letztgültige Zuordnung erscheint schließlich nicht sinnvoll und wird Fontanes Text nicht gerecht, in dem sich gerade die scheinbar rationale Behandlung vermeintlich gesicherter Fakten als fragwürdig erweist.

Zum Erzählverfahren

> Mehrfache
> Funktion des
> Erzählens

Während in den Kapiteln 1–5 durchgängig linear erzählt wird, ändert sich im zweiten, umfangreicheren Teil der Novelle das Erzählverfahren; der Erzähler wählt hier ein eher episodenhaftes Vorgehen, das einerseits retardierende Funktion hat, andererseits aber dem Leser wichtige Hinweise auf den tatsächlichen Hergang des Verbrechens liefert. Daneben bietet dieses Erzählverfahren dem Erzähler die Möglichkeit, das dörfliche Umfeld auszugestalten und das Geschehen zeitlich zu verankern, gewissermaßen ländliches und historisches Kolorit aufzutragen.[7]

5. Wort- und Sacherläuterungen

5,2 Oderbruchdorfe: Oderbruch: Flussniederung zwischen Göritz und Reitwein am Westufer der Oder; unter Friedrich dem Großen mit Kolonisten aus Böhmen und Polen besiedelt und kultiviert.

5,3 Michaeli: 29. September; Fest des Erzengels Michael.

5,4 Abel: Kain erschlug den Abel, weil der Herr Abels Opfer annahm, Kains hingegen verschmähte. Altes Testament, Mose 1,4.

Hradscheck: von tschech. *hráč* ›kleiner Spieler‹.

5,10 Rapssäcke: Krautpflanze mit stark ölhaltigen Samen; dient als Futterpflanze und zur Gewinnung von Ölen.

7,14 f. Malvasierbirne: süße Birnensorte, nach einem süßen griechischen Wein benannt.

8,15 Trumeau: hoher Pfeilerspiegel.

8,18 Claude Lorrain: frz. Landschaftsmaler (1600–1682).

9,3 Ursel: Ursula; Märtyrerin und Schutzherrin der Jungfrauen. Namensfest am 21. Oktober.

9,20 Knöcheln und Tempeln: Knöcheln: Würfelspiel mit knöchelchenartigen Würfeln; Tempeln: Kartenspiel.

9,25 Ungar: schwere Weinsorte mit hohem Alkoholgehalt.

11,14 Fetisch: Gegenstand für magische Praktiken.

13,9 Tüffeln: Kartoffeln.

13,15 Scheffel: Hohlmaß. Der preußische Scheffel entspricht in etwa 55 Liter.

13,26 sympathetische Kuren: Heilungen, die auf dem Glauben an Wechselwirkungen des menschlichen Körpers mit Natur, Sternen, aber auch Geistwesen beruhen.

16,9 Grabscheit: Spaten.

16,30 Schildpatt: getrocknete Platte der Seeschildkröte.

5. WORT- UND SACHERLÄUTERUNGEN

17,10 f. **Samtkäpsel:** Hausmütze aus Samt.

17,35 **Loge:** Freimaurerlogen gibt es in Deutschland seit 1737. In katholischen Regionen bekämpft, in protestantischen hingegen verbreitet.

19,33 **Friesrock:** Rock aus sehr dickem Gewebe; Bestandteil der Frauentracht des Oderbruchs.

23,19 **Schwind:** Schwindsucht.

26,9 **Demagogie:** Volksverführung; hier gemeint: der Vorwurf demokratischer Gesinnung; die Opposition wurde zwischen 1814/15 und 1848 unter dem Vorwurf der »Demagogie« verfolgt.

relegierten: ausgeschlossen, verwiesen.

27,5 **Springerin:** Seiltänzerin, fahrende Komödiantin.

28,14 **rekommandierten Brief:** eingeschriebenen Brief.

29,17 **Feuerkassengelder:** Gelder aus der damals verbreiteten kommunalen Brandversicherung.

31,5 **Wolfsschur:** Mantel aus Wolfsfell.

31,15 **Fellisen:** Felleisen: Reisesack (verballhornte Form des frz. *valise* ›Koffer‹).

31,32 f. **polnischen Samtrock:** Teil der polnischen Nationaltracht.

32,16 f. **polnischen Aufstand:** Nach der Auflösung des Königreichs Polen im Verlauf der drei Teilungen Polens (1772, 1793, 1795) entstand auf dem Wiener Kongress von 1814/15 das sog. Kongresspolen, das *Königreich von Polen und Russland*. Am 29. 11. 1830 beginnt der polnische Aufstand gegen die russische Herrschaft. Nach den russischen Siegen von Diebitsch und Paskewitsch wurde Polen als russische Provinz regiert.

32,17 **Diebitsch:** Hans Karl Friedrich Anton von D.-Sabalkanki (1785–1831), russischer Feldherr preußischer Herkunft; Sieger der Schlacht von Ostrolenka.

5. WORT- UND SACHERLÄUTERUNGEN

Paskewitsch: Iwan Fjodorowitsch Graf P. (1782–1856), russischer Generalfeldmarschall, Nachfolger Diebitschs; Fortführer der Russifizierung Polens.

32,21 **Insurrektion:** Aufstand.

32,23 **Ostrolenka war geschlagen und Warschau gestürmt:** Niederlage der polnischen Armee bei Ostrolenka am 26.5.1831; Sturm und Einnahme Warschaus durch russische Truppen am 6./7.9.1831 gegen heftigen polnischen Widerstand.

33,2 **verquienten:** kränkelnden.

33,29 **Konfederatka:** Teil der polnischen Nationaltracht; Kopfbedeckung mit viereckigem Deckel und Pelzrand.

33,30 **»Noch ist Polen nicht verloren«:** Kampflied der polnischen Truppen, die unter Napoleon in Italien dienten (J. Wybicki, 1797); polnische Nationalhymne seit 1918.

34,17 **Möckern:** Dorf bei Leipzig; dort wichtiges Gefecht der Völkerschlacht von Leipzig am 16.10.1813; Sieg der preußischen über die französischen Truppen.

35,9f. **Der Adel hat uns um dreißig Silberlinge verschachert:** Judas lieferte Jesus für dreißig Silberlinge an die Pharisäer (z.B. Matthäus 26, 47). Der polnische Adel versuchte – im Gegensatz zu den demokratischen polnischen Kräften – während des Aufstandes mit Russland zu verhandeln.

36,17 **Table d'hôte:** gemeinsame Gasthaustafel eines Hotels.

36,32 **Konstantin:** K. Pawlowitsch, russischer Großfürst und Vizekönig von Polen; den Polen wegen willkürlicher Machtausübung verhasst; musste im Verlauf des Aufstandes aus Warschau fliehen.

38,6f. **Kunicke, der an Anno 13 dachte:** Polnische Truppen kämpften in den Befreiungskriegen auf Seiten Napoleons.

5. WORT- UND SACHERLÄUTERUNGEN

40,12 **supen:** saufen.
40,13 **kumpafel:** dazu imstande (von frz. *capable* ›fähig‹).
42,4 **Tied:** (nddt.) Zeit.
42,10 **Klock:** (nddt.) Uhr (Klock vier: vier Uhr).
42,12 **söss:** (nddt.) sechs.
42,17 **verfiert:** (nddt.) erschreckt.
44,10 **Livrée:** (frz.) uniformartige Bedienstetenkleidung.
44,12 **devot:** unterwürfig.
44,13 **›Luft‹:** Pfefferminzlikör.
44,27 **Schulze:** eigentlich: Schultheiß: Ortsvorsteher, Gemeindebeamter.
46,26 **Haff:** weitgehend von der See abgeschnürte ehemalige Meeresbucht an Flachküsten.
47,16 **Werft:** niedrige Weidenart, buschartig wachsend.
48,14 **Montmirail:** Schlacht bei Montmirail (11. 2. 1814); Napoleon bleibt siegreich gegen Preußen und Russland.
48,25 **fisslig:** allg.: fahrig; auch: beschwipst, betrunken.
48,30 **Jeder nach seiner Façon:** häufig zitierte Randbemerkung Friedrichs II. zur Bestimmung der Religionsfreiheit in Preußen.
50,14 **ad rem:** (lat.) zur Sache.
50,16 **Extraktion:** Abstammung, Herkunft.
51,7f. **Martini:** Martinstag, 11. November.
51,13f. **der kleine Gott mit dem Bogen und Pfeil:** Amor, der Liebesgott, durch Nennung seiner Attribute kenntlich: Pfeil und Bogen.
52,6 **Eklats:** Aufsehens, Skandals.
53,12 **Präliminarien:** Vorbereitungen, Vorbemerkungen.
57,17f. **Zichorienzeug:** Kaffeeersatz aus Pflanzenwurzeln.
58,2 **ötepotöter:** von: *etepete*: zimperlich.
60,6f. **Wocken:** (auch: Rocken); Teil des Spinnrades, um den das Spinngut (Hanf, Flachs, o. a.) gewunden wird.

5. WORT- UND SACHERLÄUTERUNGEN

60,9 Fouragebeamten: für die Heerversorgung zuständiger Beamter (frz. *fourrage:* (Vieh-)Futter).

61,15f. Gardekürassieren: Eliteregiment unter Friedrich dem Großen, gegründet 1740.

61,16 despektierlichen: verächtlichen, geringschätzigen.

62,30 Dat Sülwigte: (nddt.) dasselbe.

63,8f. dat man em seihn sull: (nddt.) dass man ihn sehen soll.

63,17 Courmacher: Mann, der Frauen den Hof macht.

63,32f. awers jed' een möt doch in sien ejen Goarden ...: (nddt.) aber jeder muss doch in seinem eigenen Garten (ein Loch graben können).

65,34 die Honneurs machen: die Gäste des Hauses willkommen heißen.

66,8 Staats-Tschako: Uniformteil preußischer Gendarmen.

66,14 stark gefrühstückte: stark angetrunkene.

70,24 geputscht: hier: gehetzt.

71,11 Mietschaise: halbverdeckter, leichter Kutschwagen.

71,15 Jovialität: Leutseligkeit.

71,25 Sacharja 7: AT, Prophetische Bücher.

73,4 He möt et joa weeten: (nddt.) Er muss es ja wissen.

73,28 Fastelabend: Fastnacht.

73,31 Hücht: (nddt.) Höhe.

74,1f. antrecken: (nddt.) anziehen.

74,30–32 einen Chasseur- oder nach andrer Meinung einen Voltigeur-Korporal: Chasseur: Jäger; Voltigeur: Angehöriger einer leichten Schützenkompanie.

74,32 Fouragierung: (häufig gewaltsame) Beschaffung der Lebensmittel für die Truppe.

75,5 Reputation: Ansehen, Ruf.
Frühstücker: Menschen, die schon morgens gewohnheitsmäßig Alkohol trinken.

5. WORT- UND SACHERLÄUTERUNGEN

78,23 **multrig:** (nddt.) faulig.
79,15 **Kaiser Nikolaus:** Zar Nikolaus I. (1773–1855).
79,17 **Louis Philipp:** Nachdem Karl X. nach der Julirevolution des Jahres 1830 abdanken musste, bestieg Louis Philippe als »Bürgerkönig« (so genannt, da gestützt auf das frz. Großbürgertum) den frz. Thron.
79,18 **Kretin:** (frz.) Schwachsinniger.
79,19 **Konstitution:** Verfassung, die die Beteiligung (eines Teils) des Volkes garantiert, anstelle absoluter Monarchie.
79,32 **hyperloyale Gesinnung:** außerordentlich (regierungs)treue Gesinnung.
82,1 **Kasematten:** beschusssichere Räume in Festungen.
83,11 **Pastinak:** krautartige Gemüsepflanze mit möhrenähnlichen Wurzeln.
85,1 **Johanni:** 24. Juni.
85,12f. **Schotenpalen:** Erbsen Enthülsen.
85,35 **glau:** hell; lustig, vergnügt; auch: gerissen.
86,15 **Logierstube:** Fremdenzimmer.
86,26 **Remise:** Schuppen für Kutschwagen.
87,9 **Dinstinguiertes:** Vornehmes.
Eskadronchef: Rittmeister einer Schwadron.
88,18 **Wenn ich es nehme …:** Gemeint ist das letzte der Sakramente, die Letzte Ölung.
88,20f. **… so ess ich mir selber das Gericht:** nach 1. Korinther 11, 27–29: »Denn welcher also isset und trinket, daß er nicht unterscheidet den Leib des Herrn, der isset und trinket sich selber zum Gericht.«
88,27 **Selig sind die Friedfertigen …:** Die Seligpreisungen der Bergpredigt; Neues Testament, Matthäus 5,3–11.
90,34 **Welk een he nu woll frigen deiht?:** (nddt.)Welche er nun wohl freien wird?
91,29 **Weih:** Weihe, Raubvogel aus der Falkenfamilie.

5. WORT- UND SACHERLÄUTERUNGEN 35

93,20 **Courage:** (frz.) Mut.
95,19 **Pietät:** Frömmigkeit (lat. *pietas*); hier: taktvolle Rücksichtnahme.
96,21 **Evang. Matthäi 6, V. 14:** »Denn wenn ihr den Menschen ihre Fehler vergebet, so wird euch euer himmlischer Vater auch vergeben.« Neues Testament, Matthäus 6,14.
99,11 **Königsstädtischen Theater:** Berliner Theater am Alexanderplatz, das zwischen 1830 und 1840 besonders bei dem kleinbürgerlichen Berliner Publikum sehr beliebt war.
99,15 **Angelyschen:** Louis Angely (1787–1835), Berliner Komiker.
99,16 **Holteis:** Karl von Holtei (1798–1880), Bühnendichter.
99,34 **Beckmann:** Friedrich B. (1803–66), wie die beiden vorstehenden Komiker am »Königstädtischen Theater«.
100,11f. **Glassbrenner- oder Brennglas-Zeit:** Adolf Glassbrenner (1810–76); Verfasser satirischer und humoristischer Schriften, die teilweise verboten wurden; Ausweisung aus Preußen 1850. Sein Pseudonym war »Brennglas«.
101,24 **grappscht:** greift, fasst.
102,5 **Destillationsgeschäft:** Spirituosenhandlung.
103,1 **Hofschauspieler Rüthling:** Ferdinand Rüthling (1793–1849), Berliner Komiker.
103,3 **Matinée:** vormittägliche künstlerische Darbietung.
103,4 **haute volée:** (frz.) ›bessere‹ Gesellschaftsschicht.
103,13 **Konvivium:** (veraltet) Gelage.
104,13f. **Nagelprobe:** Das Trinkgefäß, mit dem man auf jemandes Gesundheit getrunken hat, wird über den Daumen gestülpt; der Nagel darf dabei nicht nass werden.

5. WORT- UND SACHERLÄUTERUNGEN

106,17 **Fidelité:** (frz.) Treue; hier: Lustigkeit, Geselligkeit von umgangssprachlich *fidel.*

108,21 f. **de Ihrd' geiht hier so'n beten dahl:** (nddt.) die Erde geht hier so ein bisschen abwärts.

112,1 **Wasserpest:** extrem schnell sich vermehrende Wasserpflanze; in Preußen bekämpft, da sie die Flussschifffahrt beeinträchtigte.

112,10 f. **des alten Kolter Schwiegersohn:** Die Familie Kolter war eine berühmte Artistentruppe.

112,30 **Springer:** Seiltänzer, vgl. 27,5.

112,35 **Kongress:** Bezieht sich auf das glanzvolle Rahmenprogramm des Wiener Kongresses, vgl. 32,16 f.

113,3 f. **König von Preußen:** Friedrich Wilhelm III. (1770–1840), König von Preußen 1797–1840.

113,4 **Kaiser von Russland:** Alexander I. (1777–1825), Zar von Russland 1801–25.

113,5 **Stiglischek:** russischer Seiltänzer.

113,6 **Parole d'honneur:** (frz.) Ehrenwort.

113,18 **perdu:** (frz.) verloren.

117,15 **Weimertone:** Jammerton.

120,11 **De oll Voß:** (nddt.) Der alte Fuchs.

6. Interpretation

> […] das Schöne, Trostreiche, Erhebende
> schreitet aber gestaltlos durch die Geschichte hin und ist einfach das gepredigte Evangelium von der Gerechtigkeit
> Gottes, von der Ordnung in seiner Welt.[8]

Die ersten Seiten – die Exposition

Schon auf den ersten Seiten knüpft Fontane alle Hauptfäden der Novelle. Mit der Abfahrt des Knechtes zum Ölmüller und in der Beschreibung von Gaststätte und Garten wird auf wesentliche Stationen des Verlaufs vorausgedeutet; diese Technik ist ein typisches Verfahren im Erzählen Fontanes.[9] So ist die Fahrt des Knechts zur Ölmühle durchaus lesbar als Vorverweis auf Ursels Kutschfahrt zum Oderdamm (43) und damit auf den Verschleierungsversuch des Verbrechens. Mit dem Rundgang Hradschecks durch den Garten wird auch der alte Birnbaum eingeführt (6) – dieser spielt in seinen späteren Plänen ja eine gewichtige Rolle und wird schließlich zum universellen Symbol innerhalb der Novelle (s. 50f.). Und selbst Hradschecks seltsames Ende findet seine Vorausdeutung im Hinweis auf die Gefährlichkeit der offen stehenden Kellerfalltür. Ironisch wird hier aus der Perspektive des Wirtes selbst erzählt, dem gerade nicht die offen stehende, sondern die geschlossene Falltür zum Verhängnis wird (6, 117f.).

> Technik der Vorausdeutung

Gleich zu Beginn werden die schlecht geordneten Verhältnisse des Hauses Hradscheck dargestellt. In nachlässig gebundenen, überdies schadhaften Säcken wird der Raps mit mageren Schimmeln zur Ölmühle abtransportiert (5). Dabei ist dieser Raps wichtig für Hradscheck, denn er muss mit dem Erlös des Öls seine Schulden begleichen – die wirtschaftlichen Schwierigkeiten der Eheleute werden hier also gleich mehrfach aufgezeigt. Zugleich fasst Fontane den Abstand zwischen hohem Anspruch und trüber Wirklichkeit in ein Bild: Zugpferde sind hier edle Schimmel – doch sind sie schlecht versorgt. Den Wirt stört dies alles nicht weiter. Er zeigt stattdessen die entspannte, gleichgültige Nachlässigkeit, die oben dargelegte Beweglichkeit, die sein Handeln bestimmt – auch dann noch, wenn ihm der Gewinn aus seiner Tätigkeit als Wirt und Krämer ebenso verrinnt wie der Raps aus den schadhaften Säcken (vgl. Kap. 3).

> Materiell düstere Situation ...

> Hradschecks Nachlässigkeit ...

Mit dem anschließenden Gang Hradschecks ins Innere des Gasthauses führt Fontane wichtige Räumlichkeiten ein und legt zugleich einen Charakterzug Ursel Hradschecks dar. Weil die zum Vornehmtun geneigte Frau des Hauses Laden und Wohnstube deutlicher voneinander abgetrennt sehen wollte (6), war ein Anbau nötig geworden. Der Erzähler hebt hier Ursels Wunsch hervor, sich von der Ladentheke, vom Gemeinen und Gewöhnlichen abzugrenzen; damit deutet er Ursels Geltungssucht an, die Hradscheck zu stillen sucht und die zu der drohenden Notlage der Eheleute mit beiträgt (19f.).

> Ursels Vornehmtun ...

▌ Bemerkenswert an dieser Einführung ist, dass Fontane mit wenigen Mitteln wichtige Antriebskräfte der Figuren erfasst. Hradscheck offenbart eine Gleichgültigkeit, die dem Fehlen jeglicher persönlicher Wertvorstellungen ent-

> ... mit wenig Mitteln dargestellt

springt, Ursel zeigt jene Geltungssucht, die kompensatorisch ein enttäuschtes Leben auszugleichen sucht.

Der Mordplan

Das Motiv für den Mordplan ist offensichtlich. Hradschecks Hang zum Spiel, sein schlechtes Wirtschaften und Ursels anspruchsvolle materielle Bedürfnisse haben die Eheleute in die selbstverschuldete Zwangslage geführt. Die Angst vor Armut schließlich treibt sie zu einem Mord, den sie zuletzt als einzigen Ausweg aus ihrer Situation sehen. »Armut ist das Schlimmste, schlimmer als Tod, schlimmer als ...« (21) – so spricht Ursel, und sie fürchtet die soziale Deklassierung und vor allem den Spott der Dorfbewohner noch mehr als die materielle Not (21). Dem Muster der Kriminalnovelle folgend (vgl. Kap. 4), wird hier zunächst die »Geschichte eines Verbrechens« erzählt[10]; allerdings mit der Besonderheit, dass die Einzelheiten dieses Verbrechens – die falschen Fährten, die Tat selbst, ihre Verschleierung – immer nur in Andeutungen und auffälligen Aussparungen sichtbar werden.[11] Erst mit dem zweiten, mehr detektivischen Teil der Novelle kann die vorbereitende Planung des Verbrechens rückblickend ganz durchschaut werden (vgl. Kap. 4).

> Furcht vor sozialer Deklassierung

> Andeutung und Aussparung

Ausgangspunkt des im Ansatz bereits bestehenden, aber noch unklaren Planes, den Hradscheck gefasst hat, ist der Fund der Überreste eines französischen Soldaten in seinem Garten (14f.) – erst hier, unterm Birnbaum, nimmt Hradschecks Vorhaben feste Gestalt an und wird zum Entschluss. Zunächst wird Ursels vorgebliche Erbschaft inszeniert; sie reist nach Berlin, um das Geld entgegenzunehmen; ein Vorgang, der im Dorf mit besonderem Interesse verfolgt wird.

In jener Nacht, die sich rückblickend als Tatnacht erweist, macht Hradscheck sich auffällig unter seinem Birnbaum zu schaffen, scheinbar vergräbt er etwas. Damit trifft er seine Vorkehrung gegen eine eventuelle Verdächtigung und die nachfolgenden Untersuchungen des vermeintlichen Verstecks der Leiche. Bei der späteren Untersuchung des Gartens wird dann auch nicht Szulskis Leiche, sondern das Franzosenskelett ausgegraben (66f.). Nach dem abschließenden Verhör findet man schließlich die verdorbenen Speckseiten, die Hradscheck als Erklärung für sein nächtliches Graben anführt (69). Am Morgen nach der Tat lenkt Ursel dann, gekleidet wie Szulski, dessen Einspänner in die Oder – das vermeintliche Kutschunglück des Polen wird inszeniert. Einerseits wird das Problem der verschwundenen Leiche damit gelöst, andererseits werden die Wirtsleute durch die vorgebliche Abfahrt Szulskis zunächst entlastet.

> Einzelheiten des Plans

Die Schwächen des Planes

Genauer betrachtet zeigt Hradschecks scheinbar so durchdachter Plan deutliche Schwächen: Zu sehr ist er auf ein ganz bestimmtes Verhalten des beteiligten Umfeldes – die den Vorfall untersuchende Obrigkeit, die Dorfgemeinschaft, die Nachbarin Jeschke – angewiesen. Dieses Verhalten der anderen, Bedingung für ein Gelingen des Pla-

> Fragwürdiges Fundament des Plans

nes, ist aber keinesfalls zwingend und von Hradscheck unmöglich mit Gewissheit vorauszusehen. Da ist zunächst das Eintreffen des Briefes vor den Kegelbrüdern, der die angebliche Erbschaft Ursels verkündet (23 ff.); Hradscheck verdankt es weitgehend dem Zufall, dass dies vor Publikum geschieht. Doch während immerhin möglich erscheint, dass Hradscheck die Ankunft des Postboten recht genau vorherbestimmt, kann er einen wesentlichen Punkt seines Vorhabens auf keinen Fall einplanen: die Beobachtung seiner irreführenden Grabarbeiten in der Mordnacht durch die Jeschke. Selbst bei deren Hang zu spionieren (40) kann er nicht auf ihre Beobachtungen rechnen. Sein Täuschungsmanöver baut somit einzig auf das Verhalten der alten Frau, die schließlich nur des Sturmes wegen (40 f.) nicht schlafen kann und daher nur zufällig Hradschecks nächtliches Tun beobachtet. Indem Hradscheck in einem so wichtigen Punkt auf Eventualitäten vertraut, die er nicht beeinflussen kann, erweist er sich nicht als kühler Rationalist und Pragmatiker.[12] Die genauere Untersuchung seines Planes zeigt Hradscheck vielmehr als Spieler und verzweifelten Hasardeur, der sich sehr unberechenbaren Mächten anvertraut.

> *Hradscheck – ein Hasardeur*

Versagende Instanzen – die Dorfgemeinschaft

Umso unklarer ist daher zunächst, weshalb eine rasche Aufklärung des Verbrechens dennoch unterbleibt. Immerhin hat die Dorfgemeinschaft das richtige Gespür, der Verdacht fällt sofort auf Hradscheck (49). Das Dorfgerede, vor al-

> *Richtiger Instinkt des Dorfs*

6. INTERPRETATION

lem die Beobachtung Ursels durch Nachtwächter Mewissen in der Unglücksnacht (51f.), veranlasst die Amtsgewalt zum Handeln. Doch dann läuft eine Mechanik ab, die Hradscheck aufs Genaueste kalkuliert hat. Zwar wird er verhaftet, offensichtlich aber unterbleiben einfachste Untersuchungen, die ihn bald überführt haben würden. Weder wird die vermeintliche Erbschaft überprüft, noch werden Stuben oder Keller des Gasthauses untersucht. Vielmehr führt der Lokaltermin unterm Birnbaum zum Erweis der scheinbaren Unschuld Hradschecks. Sein Umfeld genau abschätzend, hat Hradscheck angenommen, dass die Untersuchung, die aufgrund der Umstände sicher gegen ihn geführt werden würde, in der Suche nach dem Leichnam Szulskis auf seinem Grundstück gipfeln würde. Er weiß, dass die Überzeugung des Dorfes von seiner Schuld sich in ihr Gegenteil verkehren wird, wenn er nur den Hauptverdacht – nämlich den Vertreter in seinem Garten vergraben zu haben – entkräften kann. Indem er der Öffentlichkeit einen besonders spektakulären Köder zuwirft – alter Franzose an verdorbenem Speck –, versucht er davon abzulenken, dass ihn die fehlende Leiche keineswegs vom Mordverdacht befreit. Und es gelingt ihm wirklich, die Behörden und die Öffentlichkeit auf diese Weise zu täuschen und weitere Untersuchungen auf seinem Grundstück zu verhindern. Das Tschechiner Umfeld und die Behörden werden von Hradscheck in genau der von ihm beabsichtigten Weise manipuliert. Einige taktische Züge der Eheleute veranlassen die Tschechiner schließlich, fast geschlossen Partei für das angeschuldigte Paar zu nehmen (57f., 68).

> *Die Mechanik läuft ab*

> *Manipulierung und Täuschung gelingen*

6. INTERPRETATION

– die geistliche Obrigkeit

Noch deutlicher versagt der Vertreter der geistlichen Obrigkeit, Pastor Eccelius. Denn er hätte – aufgrund der Beziehung zu Ursel (Kap. 3) – reichlich Gelegenheit, den wahren Sachverhalt zu erkennen und vielleicht von Ursel selbst zu erfahren, die ja die Sehnsucht nach Seelsorge und, als eigentliche Katholikin, nach Beichte in sich trägt. Doch ist Seelsorge nicht seine starke Seite (84) und die Beichte muss er als dem alten Aberglauben entstammend ablehnen. Zuletzt sind es seine eigenen Vorurteile, die ihm die Kraft zur Einsicht nehmen. Wenn Ursel sich der Sünde geziehen und in Selbstanklagen erschöpft hat (84), erkennt Eccelius darin nicht echte Schuld und das daraus geborene Elend, sondern vermutet stattdessen Eitelkeit, die sich in Ursels Selbstbezichtigungen äußert. Erkennbar wird hier indes nur die Eitelkeit des Pastors, dem gar nicht in den Sinn kommt, dass die Konvertierung Ursels vielleicht nicht gelungen sein könnte. Sowenig Sinn Eccelius für Ursels Not besitzt, so wenig ist er in der Lage, die tatsächlichen Geschehnisse um Szulskis angeblichen Unfall auch nur zu ahnen. Zu sehr verstrickt in seine eigenen Belange, ist Eccelius auf beiden Augen blind. Einfluss und Autorität des Dorfgeistlichen schützen das Paar darüber hinaus vor weiterer Verfolgung.

> *Die verpasste Chance – Ursels Not*

Regelrecht satirisch nimmt sich das Verhalten der weltlichen und geistlichen Obrigkeit aus, verkörpert im Dorfschulzen, im Justizrat und im Pastor. Während Justizrat Vowinkel Hradscheck in seiner eigenen Gaststube zum Imbiss lädt (68), stößt Dorfschulze Woytasch im

> *Reine Satire – Verhalten der Obrigkeit*

Fortgang der Novelle sogar zu Hradschecks Stammgästen; Pastor Eccelius schließlich ergreift an verschiedenen Stellen, zum Teil auch öffentlich Partei für das Paar und behindert so die Aufklärung. Man isst und feiert nichts ahnend mit dem Mörder, zu guter Letzt wird Abel und Ursel noch von der Kanzel herab die Absolution erteilt. Dem zwar vorausdenkenden, insgesamt aber schwachen Plan Hradschecks entspricht eine nicht verstehbare Blindheit der Dorfgemeinschaft und ein ebenso nachlässiges Vorgehen auf Seiten der weltlichen und geistlichen Instanzen.

> Schwacher Plan – blinde Gemeinschaft

Schicksalhafter Tod als konzeptioneller Bruch

Auffällig an Fontanes Novelle ist ein konzeptioneller Widerspruch, den die meisten Interpreten und Rezensenten hervorheben und der von manchen als ästhetischer Mangel oder Rückschritt Fontanes hinter künstlerisch bereits Erreichtes bezeichnet wird. Denn einerseits werden die Handlungen der Figuren genau begründet, ihre Herkunft wird erläutert, ihre Befindlichkeit wird untersucht – es findet eine rationale sozial-psychologische Motivierung des Figurenhandelns statt. Andererseits ist Hradschecks Ende rational nicht begründbar, eine Erklärung für seinen Tod gibt der Text nicht – der Verbrecher erfährt durch schicksalhaftes Eingreifen seine gerechte Strafe. Und tatsächlich wird z.B. in Fontanes Kriminalerzählung *Ellernklipp* (1881) der Schicksalskreis von Tat und Sühne noch geschlossen, das Motiv der Schuld wird als dem Menschen eingeschrieben abgehandelt und zum balladenhaft-numinosen[13] Schluss ge-

> Ein schwacher Schluss?

6. INTERPRETATION

führt. Ganz anders findet Fontane in *Unterm Birnbaum* zur Beziehung zwischen der Schuld des Einzelnen und der Gesellschaft, in der er lebt.

Gesellschaftlicher Wandel – ein kurzer Exkurs

Diese Gesellschaft befindet sich sozial im radikalen Umbruch. Mit den französischen Reparationszahlungen[14] strömt immenses Kapital nach Deutschland (vgl. Kap. 7). Die Energien des Bürgertums, das nach der gescheiterten bürgerlichen Revolution von 1848/49 politisch bitter enttäuscht ist, fließen in Kapitalerwerb – denn hier ist, anders als auf dem politischen Feld, Erfolg auch möglich. Die zügig fortschreitende Technisierung und Industrialisierung schaffen neue Erwerbszweige und eröffnen die Möglichkeit raschen und großen Reichtums. Mit diesen äußeren Veränderungen geht ein einschneidender Wertewandel insbesondere bei der sozialen Schicht einher, die wirtschaftlich Gewinner, politisch aber Verlierer der gescheiterten Revolution ist, dem liberalen Bürgertum. An die Stelle so genannter bürgerlicher Ideale tritt in den Gründerjahren[15] die ausschließliche Orientierung auf Gelderwerb und materiellen Besitz, diese wird aber zugleich durch die nach außen weiterhin hochgehaltenen bürgerlichen Werte bemäntelt. Fontane ist von dieser Entwicklung abgestoßen: »Alle geben sie vor, Ideale zu haben; in einem fort quasseln sie vom ›Schönen, Guten, Wahren‹, und knixen doch nur vor dem Goldenen Kalb, entweder, indem sie alles, was Geld und Besitz heißt, tatsächlich umcouren oder doch sich innerlich in Sehnsucht danach verzehren.«[16]

> Wertewandel durch gesellschaftlichen Wandel

Das Glücksversprechen der bürgerlichen Gründerzeit-Gesellschaft – Geld und materieller Besitz als Bedeutung persönlichen Glücks – überträgt Fontane in die neumärkische Dorfgesellschaft. Was die Fixierung auf Besitz und Gelderwerb bedeutet, legt Fontane seinem Opfer Szulski in den Mund. »[...] wenn der Mensch erst an sein Geld denkt, ist er verloren« (35). Und Abel und Ursel sind verloren: An diesen beiden führt Fontane beispielhaft das Scheitern des Einzelnen innerhalb einer Gesellschaft vor, deren ursprüngliche Ordnung zentraler Grundwerte beraubt wird, um durch die Leitwerte Besitz und Kapital ersetzt zu werden. Aber auch wenn die Hradschecks das Produkt der generellen Entartung dieser Gesellschaft sind und somit nicht anders handeln können, entlastet sie dies nicht – weder Hradscheck noch Ursel werden von ihrer individuellen Schuld freigesprochen.[17]

Kapital und Besitz als Leitwerte

Wie mehrdeutig und differenziert allerdings Fontane die Frage nach der Schuld Abels und Ursels vor dem Hintergrund dieser Ordnung behandelt, belegt gerade die Namensgebung der Figuren: Der Mörder trägt den Namen des allerersten Opfers – Kain erschlug den Abel – und Ursula ist benannt nach der Namenspatronin aller Jungfrauen, die das Sinnbild für körperliche und seelische Reinheit sind. Hradscheck mag zwar ein Spieler sein, Geld und Ansehen mögen ihm tatsächlich die einzigen Werte bedeuten, doch unterscheidet er sich darin nicht von den Tschechinern. Die Dorfgesellschaft muss folgerichtig für die eigentlich leicht zu entlarvenden Zusammenhänge des Verbrechens blind bleiben, weil ihr diese Zusammenhänge vor dem eigenen erwerbsorientierten Hintergrund unsicht-

Hradscheck und Gesellschaft gleich wertblind

bar werden. Im Gegenteil: Es findet noch eine Annäherung an Hradscheck statt, die in den geselligen Abenden, an denen der Mörder zum gefragten Alleinunterhalter der Dorfhonoratioren wird, ihren Höhepunkt hat (z. B. 102 ff.). Dass zuletzt die Behörden als legitimierte Spitze eben dieser Gesellschaft versagen, ist nur konsequent. In satirischer Zuspitzung scheitert schließlich auch der Vertreter der Kirche, die in Fragen der Werteordnung – wie Eccelius auch sehr deutlich vertritt – göttliche Legitimation für sich beansprucht. Verbrechen und gesellschaftlicher Hintergrund verschwimmen in eins – wer zur Gesellschaft gehört, kann vom Verbrechen nichts mehr erkennen.

Von außen sieht man mehr – der Blick der Randfigur

Wer nicht dazu gehört, erkennt zwar mehr – dafür wird ihm nicht geglaubt. Von Beginn an durchschaut die Jeschke Hradschecks Schliche (40 f.), ahnt zumindest die Hintergründe. »Un wihr binoah so, as ob he wull, dat man em sehn sull« (63), so erklärt sie Geelhaar, dem Gendarmen; keinen Augenblick ist sie von Hradschecks Unschuld überzeugt. Doch ihre Stimme wird nicht gehört, sie ist durch ihre Außenseiterposition zwar in der Lage, den Sachverhalt zu erkennen, nicht aber in der Position, ihrer Erkenntnis Geltung zu verschaffen. Im Gegenteil muss sie die öffentlichen Angriffe des Pastors dulden (72, 92 f.). Geelhaar hingegen interessiert wegen seiner persönlichen Feindschaft zu Hradscheck gar nicht die Frage, er gibt vielmehr sogleich die Antwort. Nicht Aufklärung und Bestrafung des Schul-

> Jeschke – Einsicht ohne Handlungsmöglichkeit

digen sucht er, er will Vergeltung – für die *ihm* angetane Kränkung. Daher wird auch seinen gebetsmühlenartigen Wiederholungen kein Gehör geschenkt.

Beide Figuren sind randständige Gestalten – Geelhaar als jähzornige, trunk- und rachsüchtige Karikatur eines Dorfpolizisten, Jeschke aufgrund ihrer Außenseiterposition als vermeintliche Dorfhexe; darum können sie im gesellschaftlichen Gefüge nichts bewirken. Dennoch ist es schließlich die Jeschke, die zur Aufklärung des Verbrechens beiträgt, wenn auch nur indirekt.

Durch Aberglaube zur Aufklärung

Zum Motor der Ereignisse werden die Spukgerüchte, die Jeschke in die Welt setzt, in dem sie dem einfältigen und abergläubischen Ede die Vorstellung von Spuk im Gasthaus in den Kopf setzt (101). Zuvor schon spitzt sich die Lage Hradschecks zu, wenn auch nur in seiner eigenen Wahrnehmung: Erst der Vorschlag des Zimmermanns, den Keller auszuschachten (78), dann Edes harmlose Bemerkung über einen Knopf, der aussieht als stamme er vom Rock Szulskis (80), zeigen in Abels Reaktionen einen zunehmenden Kontrollverlust. Edes Weigerung, Wein aus dem Keller zu holen, da es dort spuke (105), führt dazu, dass die Stammgäste den Keller untersuchen. Hradschecks daraufhin gefasster Entschluss, die Leiche umzubetten, rührt dabei nur zum Teil aus der rationalen Furcht vor Entdeckung; zugleich hat er selbst allergrößte Angst vor einem Spuk. Mit wachsen-

> Zuspitzung der Situation Hradschecks

> Er macht sich »unsichtbar« – Höhepunkt des Kontrollverlusts

dem Kontrollverlust streitet in Hradscheck zunehmend ein aberglaübisch-irrationaler Weltzugang mit seiner rational-kalkulierenden Weltsicht um die Regie. Höhepunkt der Verwirrung Abels schließlich ist der Versuch, sich für die Umbettung der Leiche unsichtbar zu machen (114f.); denn selbst unsichtbar, braucht er im Keller Licht – und das Licht sieht man durch die Fensterritzen, nicht ihn selbst.

Das Schwanken zwischen irrationalem und rationalem Weltmodell kostet Hradscheck schließlich das Leben; die Magie versagt, er kalkuliert stattdessen wieder und begeht dabei seinen letzten Fehler, indem er die eigentliche Funktion des Brettes – das Zurückhalten der Ölfässer – vergisst, mit dem er das Kellerfenster abdichtet. Vielleicht am eindeutigsten zeigt sich hier die Gegenspielerposition der Jeschke: Deren angedichtete magische Fähigkeiten auf der einen, Hradschecks Aberglaube auf der anderen Seite sind genau ausbalanciert; den eigentlich rational-pragmatischen Weltzugang hat aber die alte Frau, Hradschecks eigenartiges Schwanken belegt dagegen nur einmal mehr das fehlende Koordinatensystem seines wertefreien Lebens. Und während Hradscheck mit seinen Plänen gänzlich scheitert, führen die vorsichtigen Züge der Jeschke, mit denen sie den Nachbarn in die Enge treibt, zur – Aufklärung.

> *Aufklärung und Aberglaube – verkehrte Verhältnisse*

Abel Hradschecks Tod

Weshalb aber muss Abel überhaupt sterben? Gerade der Gegensatz zwischen künstlerischer Konzeption und numinosem Schluss wirft die Frage nach dem Sinn von Hradschecks Tod auf. Wie viel schärfer wäre Fontane die Anklage der Gesellschaft geraten, wäre Hradscheck ungestraft geblieben, in einer Gesellschaft, die eigentlich nichts Besseres verdient, als dass ihre Mörder in ihren Reihen weiterleben! Schließlich ist das Verbrechen ungeklärt geblieben, alle gesellschaftlichen Instanzen haben versagt, zerstörendes Schuldgefühl wie im Falle Ursels ist Hradscheck wesensfremd.

> Sinn im schicksalhaften Tod?

Die zu Beginn des Kapitels zitierte Briefstelle gibt den Hinweis darauf, dass eine derartige Gesellschaftskritik keineswegs in der Absicht Fontanes lag; gleichwohl ist dort ein Hinweis zum Verständnis des Schlusses zu finden. Denn nimmt man das Deutungsangebot Fontanes ernst, tritt der Bruch zwischen rationaler Anlage der Novelle und schicksalhaftem Schluss erst recht hervor und zwingt zur genauen Untersuchung der widersprüchlichen Gesamtanlage des Werks. Diese erbringt aber deutliche Hinweise auf die freigelegte Bedeutungsschicht, in der eher eine »Dokumentation der Zeitumstände« als »plumpe Kritik an diesen« vorgenommen wird.[18] So lässt sich *Unterm Birnbaum* – trotz der Rückverlegung in die Jahre 1830/31 – durchaus als Zeitnovelle lesen und rückt damit in die Nähe der Gesellschaftsromane Fontanes.

> Der widersprüchliche Schluss als Textsignal

Der Birnbaum als Symbol

Und der Birnbaum, dem durch den Titel ein solches Gewicht gegeben wird? Er steht in der Novelle nicht etwa symbolhaft für Schuld oder Sühne, am wenigsten für die göttliche Gerechtigkeit, die Fontane zufolge in der Erzählung waltet.[19] Vielmehr wird der Baum für die Erzählung zum universellen Täuschungssymbol. Als Dingsymbol verweist er auf die Verschleierung, auf die mörderische Kalkulation und nicht zuletzt auf das völlige Versagen aller Instanzen und der Dorfgemeinschaft. Ein handlungslogisches Zentrum wie Heyses Falke ist er jedoch nicht; wenn überhaupt, so ist er das topographische Zentrum der Novelle. Allerdings bezeichnet der Birnbaum Hradschecks Selbsttäuschung und die fatale Fehleinschätzung der Situation – die mit dem einsamen Tod im Angesicht seines Opfers schließlich ihren Schlusspunkt findet.

> Universelles Täuschungssymbol

7. Autor und Zeit

Die literarische Produktion Fontanes ist geprägt durch die Zugehörigkeit zur Mark Brandenburg, zu Berlin und zum Preußentum und ist zugleich wesentlich beeinflusst von den politischen und gesellschaftlichen Vorgängen der zweiten Hälfte des 19. Jahrhunderts. Die drei großen Phasen des literarischen Schaffens Fontanes verlaufen parallel zu wichtigen Einschnitten der deutschen bzw. preußischen Geschichte: der gescheiterten Revolution von 1848/49, den drei Bismarck'schen Kriegen und schließlich der Reichsgründung 1871 mit der nachfolgenden Gründerzeit.

> Fontanes Werk – drei große Abschnitte

Herkunft

Im kleinen märkischen Städtchen Neuruppin wird Heinrich Theodor Fontane als Sohn der Nachfahren hugenottischer Einwanderer am 30. Dezember 1819 geboren. In Neuruppin und der Ostseestadt Swinemünde wächst er auf und erwirbt schließlich 1836 in Berlin nach mäßiger Schulkarriere seinen Abschluss. In Berlin absolviert Fontane eine Apothekerlehre, hierhin kehrt er nach kurzen Abstechern als Apothekergehilfe nach Leipzig (1841/42), Letschin (1843) und Dresden (1843), nach einjährigem Militärdienst und einem zweiwöchigen Englandaufenthalt im Jahr 1845 zurück.

Theodor Fontane
Fotografie: J. C. Schaarwächter, 1889/90

Politische Lyrik und Balladendichtung

Zu diesem Zeitpunkt hat Fontane mit der Erzählung *Geschwisterliebe* (1839) bereits seinen literarischen Einstand gegeben, er hat seit 1844 Kontakt zu wichtigen Persönlichkeiten des kulturellen und öffentlichen Lebens im »Tunnel über der Spree«, einem in Berlin angesehenen literarischen Verein, und verfasst recht erfolgreiche Balladen, die stofflich vor allem die englisch-schottische Geschichte behandeln. Doch nicht nur historische Balladen, auch politisch motivierte Dichtung schreibt der junge literarisch ambitionierte Apotheker in dieser Zeit.

Schriftstellerische Anfänge

Bereits seit 1819, als Reaktion auf Metternichs reaktionäre Politik, insbesondere aber nach der Revolution von 1830, nehmen in den meisten Staaten, die zum »Deutschen Bund« gehören, die Spannungen zwischen dem aufgeklärten liberalen Bürgertum mit seinen revolutionären nationalen Vorstellungen und den das »monarchische Prinzip« vertretenden Bundesstaaten beständig zu. Gerade auch in Preußen wird die Pressezensur und die Überwachung der Universitäten immer weiter verschärft.

Zensur und Überwachung

Fontane, der in Leipzig in Kontakt mit demokratischen Kräften gekommen war, verfasst in dieser Zeit politische Gedichte, in den Revolutionsjahren 1848/49 auch politische Aufsätze radikal-demokratischen Inhalts. Als im März 1848 die Revolution Berlin ergreift, gerät auch Fontane in Bewegung. Er nimmt an den Barrikaden-Aufständen vom 18. März teil und tritt im selben Jahr als Wahlmann der Demokraten auf.

Politische Literatur

Und nicht nur politisch, auch beruflich ist Fontane in Bewegung. Im Jahr 1847 legt er das Staatsexamen in Pharmazie ab, unterrichtet kurze Zeit an einem Berliner Krankenhaus, gibt aber bereits 1849 den Apothekerberuf ganz auf, um ausschließlich vom Schreiben zu leben.

Schreiben für »die Reaction« – das »Literarische Cabinett«

Die Hungerleiderzeit, die diesem Entschluss folgt, endet ein Jahr später mit einer Anstellung beim »Literarischen Cabinett« – einer Art preußischen Propagandastelle, die der Presse preußenfreundliche Artikel zuspielt. Diese Anstellung markiert Fontanes radikale politische Kehrtwende und ist der Beginn seiner fast zwanzig Jahre währenden journalistischen Tätigkeit für »die Reaction«. Die Gründe für die politische Wende Fontanes sind letztlich nicht eindeutig zu bestimmen. Einerseits hat wohl die unsichere materielle Situation eine Rolle gespielt, gewichtiger jedoch scheint Fontanes tiefe Verwurzelung im Preußentum des konservativen Landadels zu sein, die auch seine Literatur entscheidend prägt.

> Radikale politische Wende

Fontane ist nun im Stande, seine langjährige Verlobte Emilie Rouanet-Kummer zu heiraten. Dennoch ist die wirtschaftliche Situation der wachsenden Familie – im Jahr 1864 haben die Fontanes vier Kinder – prekär; er schreibt daher auch anderweitig und ist als Hauslehrer tätig, um die Familie über die Runden zu bringen. Fontanes Tätigkeit besteht darin, die englische Presse für die so genannte »*Adler-Zeitung*« auszuwerten; von 1852 an ist er zunächst für ein Jahr, schließlich von 1855 an für dreieinhalb Jahre preußischer »Pressbeauftragter« in London. Diese Jahre sind für Fontane von großem persönlichen Wert und ermöglichen ihm wichtige Erfahrungen; die wirtschaftlich angespannte Lage der Familie – 1857 übersiedelt Emilie mit den Kindern nach London – ändert sich jedoch nicht wesentlich.

Die Englandaufenthalte

Die Reise- und Kriegsbücher und die *Wanderungen*

Schriftstellerischer Ertrag dieser Zeit sind die ersten Reisebücher (*Ein Sommer in London*, 1854); mit ihnen beginnt die zweite Phase der schriftstellerischen Produktion Fontanes, die Phase der *Reise-* und *Kriegsbücher* und vor allem der *Wanderungen durch die Mark Brandenburg* (an denen Fontane allerdings fast bis zum Endes seines Lebens arbeitet). Erst 1876 wird dieser Abschnitt abgeschlossen sein, mit der Aufgabe der letzten festen Anstellung Fontanes und seiner zweiten, dann gültigen Entscheidung, ausschließlich als Schriftsteller zu arbeiten.

Politisch ist das Preußen der fünfziger Jahre bestimmt durch hochkonservative Kräfte; in der Folge der Revolution von 1848/49 wird anstelle der angestrebten Verfassung – die eigentliche verfassunggebende Nationalversammlung war in Preußen durch das Militär aufgelöst worden – eine vom Ministerium umgearbeitete konservative Variante durchgesetzt, die durch das Dreiklassenwahlrecht eine konservative Mehrheit im preußischen Abgeordnetenhaus garantiert. Erst 1858, als Prinzregent Wilhelm die Regent-

Preußischer Konservativismus

schaft für seinen Bruder Friedrich Wilhelm IV. übernimmt, scheint Anlass gegeben für Hoffnung auf eine politisch »Neue Ära«, die – damals revolutionären – nationalen Kräfte im Deutschen Bund erhalten zudem Auftrieb durch die Feierlichkeiten anlässlich des »Schillerjahres« 1859 und die Gründung des »Deutschen Nationalvereins«.[20] Doch es kommt anders. Mit Bismarcks Berufung zum Ministerpräsidenten im Jahr 1862 zerschlagen sich alle Hoffnungen auf eine liberalere, reformorientierte Politik, die dem Wunsch nach nationaler Identität und mehr politischer Mitbestimmung nachkommt. Der von Bismarck hart vertretene Führungsanspruch Preußens innerhalb des Deutschen Bundes, der nach innen ebenso hart durchgesetzte Machtanspruch des preußischen Obrigkeitsstaates gegenüber liberaleren oder gar demokratischen Kräften bestimmen von 1862 an die preußische Politik.

Zerschlagung von Reformhoffnungen

Das Schreiben für »die Reaction« – die *Kreuz-Zeitung*

Und auch Fontane bleibt auf konservativem Kurs. Im Jahr 1860 tritt er als Redakteur in die preußisch-konservative *Neue Preußische Zeitung* ein, die so genannte »*Kreuz-Zeitung*«, er ist für den »englischen Artikel« zuständig. Die zehn Jahre seiner Tätigkeit bei der *Kreuz-Zeitung* sind schriftstellerisch ergiebig und zunächst von der Arbeit an den Reisebüchern, insbesondere aber von den *Wanderungen durch die Mark Brandenburg* bestimmt. Dort offenbart sich Fontanes Liebe zur märkischen Region, seine Nei-

Die Wanderungen

gung zum alten preußischen Landadel; an vielen Stellen sind die *Wanderungen* meisterhaftes Reisefeuilleton, der sprachliche Duktus, der leichte Ton der späteren Romane klingt bereits an. Die drei Kriege Bismarcks schließlich, über die Fontane als Kriegsberichterstatter für die *Kreuz-Zeitung* schreibt, sind die Anlässe für die Kriegsbücher, die den Autor von 1864 an zwölf Jahre lang intensiv beschäftigen.

> Die Kriegsbücher

Beständig die Machtmehrung Preußens verfolgend betreibt Bismarck schon früh die Auflösung des Deutschen Bundes. Konsequent führt diese Politik über die Auseinandersetzung mit Dänemark (1864) zum Krieg mit Österreich (1866), den Preußen siegreich beendet, und zur Aufhebung des Deutschen Bundes. Der preußisch geführte »Norddeutsche Bund« wird gegründet (1867), der das Fundament für die Reichsgründung von 1871 bildet. Eine Provokation Bismarcks führt 1870 zur Kriegserklärung durch Frankreich – und auch diesen militärischen Konflikt entscheidet Preußen für sich. Der Reichstag beschließt für den Norddeutschen Bund den künftigen Namen *Deutsches Reich* – und am 18.1.1871, als Höhepunkt der Demütigung Frankreichs, wird in Versailles Wilhelm I. zum Deutschen Kaiser proklamiert.

> Die Bismarck'schen Kriege

Die konsequent betriebene Machtpolitik Bismarcks fasziniert Fontane und stößt ihn zugleich ab. Ein literarisches Denkmal setzt er dem ›Eisernen Kanzler‹ gleich mehrfach, in *Effi Briest*, im *Stechlin* und in verschiedenen Gedichten; die widersprüchliche Haltung Fontanes gegenüber Bismarck wird dort literarisch verarbeitet. Seine vornehmliche Tätigkeit zu dieser Zeit, die Kriegsberichterstattung, ist Fleißarbeit, aber auch Reisetätigkeit – und als solche nicht nur ungefährlich. Seine Reise zu den französischen Kriegsschauplätzen endet 1870 in Domrémy vorzeitig mit einer Verhaftung wegen Spionageverdachtes; nach immerhin zweimonatiger Haft auf der Ile d'Oléron – allerdings unter Offiziersbedingungen – wird Fontane, möglicherweise auf Intervention Bismarcks, wieder entlassen.

Unter Spionageverdacht

Wechsel zur *Vossischen Zeitung*

Noch vor diesem Ereignis kündigt Fontane nach einem Disput mit der Redaktion seine Anstellung bei der *Kreuz-Zeitung* und wechselt zur liberaleren *Vossischen Zeitung*, wo er als freier Mitarbeiter die nächsten zwanzig Jahre vor allem Theaterrezensionen verfassen wird – die journalistische Arbeit für »die Reaction« ist damit zu Ende. Ein, wie Fontane selbst sagt, glückliches Jahrzehnt ist verstrichen – glücklich auch, weil dem Autor viel Zeit für seine schriftstellerische Arbeit geblieben ist. Der Abschluss der *Kriegsbücher* zieht sich allerdings hin; mit der Veröffentlichung des letzten Bandes der Frankreich-Kriegsbücher im Jahr 1876 ist die zweite große Phase in Fontanes schriftstellerischer Arbeit schließlich beendet.

Die Vossische Zeitung

Die Gesellschaftsromane und Novellen

Das Jahr 1876 bedeutet für Fontane das Jahr der endgültigen Befreiung von der Fessel bürgerlich-geordneter Erwerbsarbeit. Ein letzter Versuch, einer derartigen Tätigkeit nachzugehen, endet nach zwei Monaten in einem Desaster, was dazu führt, dass Fontane endlich den lang gehegten Entschluss verwirklicht, ausschließlich für die Schriftstellerei zu leben. Zu diesem Zeitpunkt arbeitet er bereits an *Vor dem Sturm*, seinem ersten Roman, mit dem, im Alter von 56 Jahren, der letzte Abschnitt seiner literarischen Arbeit beginnt, die Phase der Novellen und der großen Gesellschaftsromane.

Entscheidung für die Schriftstellerei

Zu diesem Zeitpunkt werden die sozialen und politischen Missstände immer deutlicher. Während Bismarcks aggressives Vorgehen außenpolitisch erfolgreich ist, bleiben die inneren Probleme des Reiches (Integration der verschiedenen gesellschaftlichen Kräfte, soziale und nationale Frage) ungelöst. Jenen Kräften, die aus den gesellschaftlichen Gegensätzen hervorgehen, begegnet Bismarck mit einer äußerst repressiven Politik. Innenpolitik versteht der Reichskanzler vornehmlich als Kampf gegen die Reichsfeinde – das sind für ihn Demokraten, Sozialisten, Liberale, Großdeutsche, national Gesinnte. Noch die Bismarck'sche Sozialpolitik mit ihren wichtigen Maßnahmen (z.B. der Einführung der Krankenversicherung 1883) hat zum Ziel, die Arbeiterschaft zu spalten und der Sozialdemokratie die Wählerschaft streitig zu machen. Zugleich ist 1876 der enorme wirtschaftliche Aufschwung, den das Kaiserreich erlebt und der mit ausgelöst ist durch die Reparationen, zu denen Frankreich verpflichtet wird, bereits der Wirtschaftskrise gewichen, die von 1873 bis in die 90er Jahre anhält. In einer Phase der Hochkonjunktur, die seit 1850 andauert, erzeugt der französische Kapitalstrom eine

Bismarcks repressive Politik nach innen

Hochkonjunktur und Rezession

Welle von Firmengründungen, auf die eine ebenso große Pleitewelle folgt – die wirtschaftliche Rezession stellt schließlich all das in Frage, womit große Teile des Bürgertums nach 1848 für die gescheiterte Revolution entschädigt werden: Besitz, Wohlstand, Prosperität.

Dies ist das gesellschaftliche Klima, in dem Fontane die Themen seiner großen Gesellschaftsromane findet (z. B. Rolle der Frau, Kritik am Bildungs- und Besitzbürgertum, Kritik am Standesdünkel), hier entfaltet er die einzigartige Gesprächskunst, den lockeren Plaudertonfall, die als typischer Fontane-Stil bezeichnet werden.

Fontanes Werke werden meist freundlich aufgenommen, zu seinem Leidwesen geschieht jedoch leider auch nicht mehr: Sie bringen ihm bestenfalls Anerkennung, bis 1895 aber keinen nennenswerten ökonomischen Erfolg. Mit *Schach von Wuthenow* (1882), einem Gesellschaftsroman vor der historischen Folie der preußischen Geschichte um 1805/06, hat Fontane endlich einen Erfolg, nachdem *Vor dem Sturm* (1878), ebenfalls ein historischer Roman über das preußische Junkertum, und *L'Adultera* (1880), die skandalträchtige Geschichte eines Ehebruchs und der erste Berliner Eheroman Fontanes, ungünstig aufgenommen wurden. Von nun an veröffentlicht Fontane jedes Jahr einen Roman oder eine Novelle. Die Kriminalerzählungen *Unterm Birnbaum* (1885) und *Quitt* (1890) befassen sich mit der Frage menschlicher Schuld; die Romane *L'Adultera* (1880), *Cécile* (1887) und *Stine* (1890) haben sämtlich Frauengestalten, die im Widerspruch zur gesellschaftlichen Ordnung stehen, zum Thema. *Irrungen, Wirrungen* (1888) und *Unwiederbringlich* (1891) thematisieren das Verhältnis zwischen Mann und Frau, eine unmögliche

> Die letzte Schaffensphase – Beispiele

Verbindung wird angestrebt, eine bestehende zerbricht; in *Frau Jenny Treibel* (1892) schließlich skizziert Fontane die Gesellschaft der 80er Jahre und stellt Besitz- und Bildungsbürgertum der Gründerzeit gleichermaßen bloß.

1892 erkrankt Fontane, aus einer zunächst nur leichten Erkältung wird eine schwere Erkrankung, die sich zu einer Monate andauernden schweren psychischen Krise auswächst. Zu diesem Zeitpunkt arbeitet Fontane bereits mehrere Jahre an *Effi Briest* (1895), dem Werk, das ihn auch international bekannt macht. Als die Buchausgabe 1895 erscheint, ist Fontane neben dem Ruhm endlich auch materieller Erfolg beschert, in nur einem Jahr werden fünf Auflagen gedruckt. Auch heute ist *Effi Briest* wohl Fontanes bekanntestes Werk; die anrührende Darstellung der Effi, die, blutjung verheiratet, an den Folgen dieser Verbindung mit einem viel älteren Mann zerbricht, gibt das eindrücklichste Beispiel für den besonderen *Realismus* Fontanes.

> Die Krise von 1892

> Effi Briest – der große Erfolg

Fontanes letzter Roman, *Der Stechlin* (postum 1898), greift in der Hauptfigur Dubslav Stechlin noch einmal das Thema des alten Preußentums auf. Für Fontane, der den »Borussismus«, das neue Preußentum, verachtet, wird der *Stechlin* zum Abgesang auf das ›alte Preußen‹, wie er es in den *Wanderungen* schildert. Dem Zeitschriftenvorabdruck des *Stechlin* zu Lebzeiten Fontanes ist kein Erfolg vergönnt; heute gilt er, neben *Effi Briest*, als sein bedeutendster Roman und als eines der wichtigsten deutschsprachigen Prosawerke überhaupt.

> Abgesang auf Preußen – Der Stechlin

Mit dem *Stechlin*, dem großen Roman am Ende seines Lebens, beschließt Fontane den dritten und bedeutendsten

Abschnitt seines literarischen Schaffens. Am Abend des 20. September 1898 verstirbt Theodor Fontane in seiner Berliner Wohnung.

Einordnung des Werkes in die Literaturgeschichte

Der Zeitabschnitt des literarischen Wirkens Fontanes wird literaturgeschichtlich als **bürgerlicher Realismus** bezeichnet. Diese Epochenbezeichnung bezieht sich auf den maßgeblichen Literatur- und Kulturträger der Epoche, das liberale Bürgertum – hier wird Literatur gelesen, hier wird sie produziert, häufig ist das Bürgertum auch der Gegenstand der Literatur. Die Grenzen der Epoche sind unproblematisch: Ihr Beginn wird mit der Revolution von 1848/49 angesetzt, ihr Ende mit dem Tod des Dichters, der als der letzte große Autor des Realismus bezeichnet wird – mit dem Tod Fontanes 1898.[21] Daraus wird der Rang ersichtlich, der Fontane innerhalb der Dichtung des Realismus zugesprochen wird; häufig wird er als wichtigster Autor des Realismus bezeichnet.

Epoche des Bürgertums

Realismus

Realismus gibt es in der Literatur, überhaupt in der Kunst, zu allen Zeiten und in allen Epochen. Allgemein bezeichnet er eine maßvolle, sachliche Gemütshaltung; ästhetisch bedeutet er eine stark an der vorkünstlerischen Wirklichkeit orientierte Kunstauffassung.

Allgemein in der Kunst

Während realistische Darstellungsformen im eigentlichen Sinne in Europa als Folge der mit der industriellen Revolution einhergehenden bedeutenden sozialen Veränderungen in Frankreich, Russland oder England früh an Bedeutung gewinnen, spricht man im deutschen Sprachraum erst nach der Revolution 1848/49 von Realismus. Dabei unterscheidet sich die spätere deutsche Entwicklung von der begriffsprägenden französischen ganz erheblich: Die französische Literatur, die den sozialen Gegensatz sehr viel schärfer wahrnimmt und krasser darstellt, wird im deutschsprachigen Raum als ›naturalistisch‹ diffamiert und heftig abgelehnt (Zolas *Nana* von 1880 beispielsweise).

Abweichung des deutschen Realismusbegriffs

Fontane als Autor des poetischen Realismus

Auch Fontanes Verständnis von realistischer Darstellung weicht von der des französischen Realismus, aber auch vom heutigen Verständnis des Wortes entschieden ab. Schon die Bezeichnung **poetischer Realismus**, innerhalb des bürgerlichen Realismus die literaturgeschichtlich bedeutende Richtung, verweist auf sein inneres Programm. Wirklichkeitsdarstellung will nicht »die nackte Wiedergabe alltäglichen Lebens, am wenigsten sein Elend und seine Schattenseiten«; sie ist für Fontane vielmehr »die Widerspiegelung alles wirklichen Lebens, aller wahren Kräfte und Interessen im Elemente der Kunst […]«. Fontanes Realismus möchte, in seinen Worten, »nicht die bloße Sin-

Realismus ist nicht Elendsschilderung

Wirklichkeit als Wahrheit …

nenwelt und nichts als diese; er will am allerwenigsten das Handgreifliche, aber er will das Wahre!«[22] Die Differenz zu überbrücken zwischen ›diesem Wahren‹, das den Dingen innewohnt, und ihrer äußeren, möglicherweise hässlichen Gestalt, ist das ästhetische Programm des poetischen Realismus. Sein Ziel ist nichts weniger als die Darstellung von Wirklichkeit in ihrer Totalität; gelingen kann dies nur in der dichterischen Überhöhung, in der Verklärung der Wirklichkeit.

> ... erreicht durch Verklärung

Unterm Birnbaum als Text des poetischen Realismus

Aus diesem Grund ist in der Programmatik des Realismus auch der Roman die wichtigste Gattung – er bietet am ehesten die Möglichkeit, das Totalitätsgebot umzusetzen. Tatsächlich geschrieben werden jedoch Novellen in riesiger Zahl; der Realismus ist die Blütezeit der deutschen Novelle. Sie bietet als Rahmen-, Chronik- oder Erinnerungsnovelle die Möglichkeit der Distanzierung zum Erzählten; zeitlich zurückverlegt oder umrahmt wird auch sozialer Missstand oder menschliche Tragödie darstellbar.

> Dominanz der Novelle

Fontane hat in *Unterm Birnbaum* das Gebot des poetischen Realismus, den Stoff der Dichtung aus dem Leben zu nehmen und dichterisch zu überhöhen, um damit Wirklichkeit abzubilden, konsequent umgesetzt. Im Schicksal der Hradschecks entfaltet er, zeitlich transponiert, kritisch den Werteverlust der gründerzeitlichen Gesellschaft, ohne Anklage zu erheben. Insofern ist *Unterm*

Birnbaum ein typisch realistischer Text; dennoch ist er kein wirklich typischer Text für den Realismus Fontanes. Die für Fontane so charakteristische Form der Wirklichkeitsüberhöhung und Verklärung zeigt er im Plaudertonfall und der Gesprächskunst der Berliner Gesellschaftsromane, am deutlichsten aber in der Symbolkunst *Effi Briests* und des *Stechlin*.

> Typisch realistisch – nicht typisch fontanesch

Werktabelle

Gedichte und Balladen (Auswahl)

1847 *Der alte Zieten*
1854 *Archibald Douglas*
1864 *Gorm Grimme*

Reisebücher, Wanderungen, Kriegsbücher

Reisebücher

1854 *Ein Sommer in London*
1860 *Aus England, Jenseits des Tweed*
1862–82 *Wanderungen durch die Mark Brandenburg* (4 Bde.)

Kriegsbücher

1870/71 *Der deutsche Krieg von 1866* (2 Bde.)
1871 *Kriegsgefangen. Erlebtes 1870, Aus den Tagen der Occupation*
1873–76 *Der Krieg gegen Frankreich 1870–1871* (2 Bde.)

Romane, Novellen, Autobiographisches, späte Balladen

1878 *Vor dem Sturm*
1879 *Grete Minde*
1880 *L'Adultera*
1881 *Ellernklipp*
1882 *Schach von Wuthenow*
1884 *Graf Petöfy*
1885 *Unterm Birnbaum*
1887 *Cécile*
1888 *Irrungen, Wirrungen*
1890 *Quitt, Stine*
1891 *Unwiederbringlich*
1892 *Frau Jenny Treibel*
1894 *Meine Kinderjahre. Autobiographie*
1895 *Effi Briest, Die Poggenpuhls*
1898 *Der Stechlin, Von zwanzig bis dreißig*
1906 *Mathilde Möhring*

Späte Balladen

1880 *Die Brück am Tay*
1886 *John Maynard*
1889 *Herr von Ribbeck auf Ribbeck im Havelland*

8. Rezeption

Aufnahme beim Lesepublikum

Fontane schreibt kurz nach Erscheinen der Erstausgabe von *Unterm Birnbaum* bei Müller-Grote an seinen Sohn: »*Unterm Birnbaum* ist nun erschienen [...]. Möchte auch der Verkauf flink gehn, aber es wird wohl nicht der Fall sein, und dann schwindet die letzte Hoffnung. Macht mich übrigens nicht unglücklich.« Und einige Wochen später, ebenfalls an den Sohn: »Ich fürchte nur, daß sich das alte Lied wiederholen und alles gehen wird [nämlich das Weihnachtsverlagsprogramm von Müller-Grote, M. B.], nur meine Novelle nicht.« Talent sei ihm vergönnt, Erfolg hingegen nicht, so Fontane im selben Brief, und tatsächlich waren weder der Vorabdruck in der Gartenlaube noch der Erstdruck ein Publikumserfolg gewesen; bitter für Fontane, der seit 1876 ausschließlich von seiner Tätigkeit als Schriftsteller und Rezensent lebte. Dabei waren die Beurteilungen nach Erscheinen im Ganzen eher positiv, man rühmte Fontanes Erzählkunst, die Historisches, Anekdotisches und behagliche Plauderei glücklich verbinde.[23] Ludwig Pietsch beispielsweise schrieb über Fontanes »köstliche kleine Erzählung« in einer Weise, dass Fontane sich veranlasst sah, Pietzsch zu antworten: »Sie haben mir durch Ihre beschämend freundliche Besprechung meiner Novelle [...] eine Weihnachtsfreude gemacht.«[24]

> Kein Publikumserfolg

Aufnahme bei der Forschung

In der literaturwissenschaftlichen Forschung übte man deutliche Kritik an der Novelle, die von manchen rundweg als misslungen bezeichnet wurde. Es gibt einige äußere Gründe, weshalb es *Unterm Birnbaum* nicht leicht wurde, zu Anerkennung zu gelangen. Da ist zum einen das schlechte Ansehen, das die Gattung der Kriminalliteratur lange Zeit gerade in der literaturwissenschaftlichen Forschung hatte. Dort offenbarte sich Unbehagen und Misstrauen gegenüber Literatur, die möglicherweise unterhalten wollte – feinsinnige und gebildete Menschen lesen keine Krimis. Zum anderen wurde die Novelle seit den Erfolgen der großen Gesellschaftsromane aus der Spätphase von Fontanes Werk immer vor deren Hintergrund gelesen; und neben *Effi Briest* oder dem *Stechlin* verblasst *Unterm Birnbaum* und wird zu einem weniger bedeutenden Nebenwerk. Allerdings ist fraglich, inwieweit es überhaupt sinnvoll ist, den Wert einer Dichtung vor dem Hintergrund anderer Werke beurteilen zu wollen.

> Kritik der Forschung

> Ruch des Krimis

> Nur ein Nebenwerk

Insbesondere in der Forschung der sechziger Jahre wurde verschiedentlich bemängelt, dass die Verbrechensthematik außerhalb der künstlerischen Darstellungskraft Fontanes gelegen und er mit diesem Versuch gegen seine künstlerische Substanz gehandelt habe. Wichtigster Kritikpunkt war aber der Widerspruch, der sich aus der feinen Zeichnung und genauen Motivierung des Figurenhandelns einerseits und dem schicksalhaften Schluss ergibt (vgl.

> 60er Jahre – ästhetische Kriterien

Kap. 6). Fontane falle damit zurück in die Tradition der historischen Schicksalsnovelle, die in ihrer Kreisfigur – der Mörder sühnt die Tat am Ort des Verbrechens – zwar ästhetisch abgerundet sei, aber in ihrer unmenschlichen Schicksalhaftigkeit mit der rationalen, psychologisch motivierten Konsequenz der Handlungsführung kollidiere.

In der jüngeren Forschung der siebziger Jahre wurde auf die konzeptionelle Schwäche zwar immer noch hingewiesen, doch wurde der Bruch nun auch als Textsignal verstanden, das, über die Intention des Autors hinaus, auf die gesellschaftskritische Dimension der Novelle hindeutet und diese auch als Sozialstudie zu verstehen gibt. Die Interpretationen von Walter Müller-Seidel und von Winfried Freund, beide aus dem Jahr 1975[25] und immer noch sehr instruktiv und lesenswert, sind hierin verwandte, allerdings verschieden akzentuierte Ansätze. Während Müller-Seidel, die gesellschaftskritische Thematik durchaus berücksichtigend, die Kollision von rational-psychologisch motivierter Handlung und fatalem Schluss noch als Fehlgriff und Bruch sieht,[26] nimmt Freund gerade diesen Bruch als zusätzliches Signal, die Novelle, vor allem aus rückblickender Perspektive, als »Dokumentation der Zeitumstände« Fontanes zu verstehen.[27]

> 70er Jahre – soziale Dimension

Rudolf Schäfer schließlich gibt in seiner umfangreichen Interpretation von 1980 zu bedenken, dass die Beurteilung der Novelle davon abhänge, ob sie ausschließlich als Mordgeschichte gelesen werde; er ist der Ansicht, dass »das Eigentliche der Erzählung« dadurch verfehlt werde.[28] Er greift damit die Auffassung des Rezensenten Paul Schlenther auf, der schon 1889 in seiner Festschrift zu

> Soziales Zeitbild – Rückgriff auf Schlenther

Fontanes 70. Geburtstag hervorhebt, dass das Verbrechen selbst weniger wichtig sei als das soziale Zeitbild, das in der Novelle gegeben werde; vielmehr werde die Tat »zum tiefsinnigen Symptom allgemeiner Zustände«.[29]

Radio, Film und Fernsehen

Dass Fontanes Kriminalnovelle für Publikum und Autoren des 20. Jahrhunderts durchaus von Interesse war, zeigen die verschiedenen Adaptionen, die der Stoff gefunden hat. Bereits 1931 wurde Fontanes Text als Vorlage für ein Puppenspiel verwendet; aus dem letzten Kriegsjahr existiert eine erste Verfilmung des Stoffes, eine Ufa-Produktion mit dem Titel *Der stumme Gast*, die noch im März 1945 zur Erstaufführung kam; der Schluss allerdings wurde verändert.

In den für das Medium Hörfunk bedeutenden fünfziger Jahren erschien Günter Eichs Hörspiel mit dem Titel *Unterm Birnbaum. Nach Theodor Fontane*.

Die sehenswerte DDR-Verfilmung mit Angelica Domröse und Erik S. Klein entstand 1973, ebenfalls unter Fontanes Titel *Unterm Birnbaum*.

Allerdings sind alle diese Umsetzungen der Novelle mehr oder weniger in Vergessenheit geraten und werden kaum noch gesendet. Dabei ist gerade die DDR-Verfilmung eine durchaus gelungene Bearbeitung, in der die düster-feuchte Atmosphäre der Erzählung gut eingefangen wird. Das Drehbuch von Ralf Kirsten verlegt das Unheimliche, Spukhafte des Geschehens ins Innere der Figuren. Zwar kommen rätselhafte Erscheinungen vor; der umgestaltete Schluss legt jedoch nahe, dass diese Erscheinun-

> *Atmosphärisch gelungene DDR-Verfilmung*

gen inneres Erleben des Täters sind und Abels Tod die Folge eines Unfalles ist. Kirsten lässt seinen Protagonisten nämlich die Treppe hinunterfallen, bevor er seine Grabarbeiten beginnt. Beim doppelten Leichenfund am nächsten Morgen wird schließlich Hradscheck mit einer großen Kopfverletzung gezeigt, Anzeichen der von Kirsten nahe gelegten Art seines Todes.

9. Checkliste

1. Erstinformation zum Werk

1. In welcher bekannten Wochenzeitschrift erschien der Vorabdruck der Novelle?
2. Welcher Titel war für *Unterm Birnbaum* vorgesehen?
3. In welchem Jahr ist die Erstausgabe der Novelle erschienen, in welchem Verlag und in welcher Stadt?
4. Führen Sie die stofflichen Quellen an, die Fontanes Novelle zu Grunde liegen.
5. Welchem Städtchen ist das Oderbruchdorf Tschechin nachgebildet? Stellen Sie den Bezug zu Fontanes Biographie her.

2. Inhalt

1. Nennen Sie die Gründe für die finanziellen Sorgen des Paares Hradscheck.
2. Wovor hat Ursel mehr Angst als vor dem Tod?
3. Weshalb ist der Birnbaum Ausgangspunkt für Abels Pläne?
4. Wie wird im Dorf die angebliche Erbschaft Ursels bekannt?
5. Szulski ist ein guter Erzähler. Wovon berichtet er an seinem letzten Abend?
6. Auf welche Weise verunglückt das Fuhrwerk des Polen? Welches seiner Kleidungsstücke wird gefunden?
7. Weshalb wird, trotz Verdachtes gegen Hradscheck, zunächst keine offizielle Untersuchung geführt? Warum nimmt Justizrat Vowinkel sie schließlich doch vor?

8. Wodurch wird Geelhaar in seiner Auffassung von Hradschecks Schuld bestärkt?
9. Welchen Grund gibt Hradscheck für die Gartenarbeiten in der Nacht von Szulskis Verschwinden an?
10. Womit beeindruckt Hradscheck die Tschechiner?
11. Welche Ereignisse bringen Abel völlig außer Fassung?
12. Ursel Hradscheck zeigt einen neuen Charakterzug. Welchen Grund nennt sie Abel für ihre ungewohnte neue Seite?
13. Was antwortet die alte Jeschke auf Abels Frage, ob es so etwas wie Spuk gebe?
14. Welchen kapitalen Fehler begeht Hradscheck, als er Szulskis Leiche ausgraben möchte? Welches Ereignis führt Abels Stammgäste am Abend zuvor in den Keller?

3. Personen

1. Weshalb kann Hradscheck nicht »auf gleicher Höhe« mit den reichen Dorfbauern verkehren?
2. Woher stammt der Name Hradscheck? Welche Bedeutung entfaltet er im Deutungsraum der Novelle?
3. Erläutern Sie an Beispielen, was mit Hradschecks ›besonderer Beweglichkeit‹ gemeint ist.
4. Wodurch wird Hradscheck, bei aller Geselligkeit, zu einer Art Soziopath?
5. Auf welche Weise lernen sich Abel und Ursel kennen?
6. Anders als Abel besitzt Ursel ein Wertefundament; welches?
7. Wodurch wird Mutter Jeschke zur sozialen Randfigur?
8. Wie wird im Text die Außenseiterstellung der Jeschke hervorgehoben?

9. Worin liegt die Ursache für Geelhaars Feindschaft mit Abel?
10. Weshalb nimmt Eccelius Partei für das Ehepaar Hradscheck? Wodurch wird der Pastor nach Ursels Tod besonders getroffen?

4. Werkaufbau

1. Welche Merkmale kennzeichnen die Gattung Novelle im Allgemeinen?
2. Erklären Sie die Funktion von Exposition, Peripetie und Katastrophe im klassischen Drama. Wo lassen sich in *Unterm Birnbaum* strukturelle Ähnlichkeiten zeigen?
3. Besitzt die Novelle einen Wendepunkt? Was versteht man darunter?
4. Was bedeutet retardierendes Moment? Nennen Sie dafür Beispiele im zweiten Teil der Novelle.
5. Was versteht man – nach Paul Heyse – unter dem ›Falken‹ der Novelle?
6. Würden Sie *Unterm Birnbaum* eher als Kriminal- oder eher als Detektivgeschichte bezeichnen? Begründen Sie Ihre Auffassung.

5. Interpretation

1. Zeigen Sie inhaltliche Vorausdeutungen auf den ersten Seiten des Textes auf. Erläutern Sie.
2. Wodurch erfasst Fontane bereits auf den ersten Seiten die zentralen Antriebskräfte der Figuren?
3. Skizzieren Sie stichwortartig Hradschecks Plan mit seinen Irreführungen.

4. Welche Doppelfunktion hat die Inszenierung des Kutschunglücks?
5. Inwiefern kann Hradscheck – im Hinblick auf seinen Plan – als »verzweifelter Hasardeur« bezeichnet werden?
6. Worin besteht die Eitelkeit, die Eccelius vorgeworfen werden muss?
7. Zeigen Sie an einem Beispiel, worin das Versagen weltlicher Obrigkeit im Falle Hradscheck besteht.
8. Welche gesellschaftlichen Veränderungen haben zum Wertewandel in der Gesellschaft des 19. Jahrhunderts geführt? Wie steht Fontane zu diesem Wandel?
9. Stellen Sie dar, inwiefern der Text die Schuldfrage mehrdeutig und differenziert behandelt.
10. Weshalb bleibt Jeschkes und Geelhaars Misstrauen gegenüber Hradscheck zunächst wirkungslos?
11. Inwiefern kann man davon sprechen, dass Mutter Jeschke den rationaleren Weltzugang besitzt als Hradscheck?
12. Worin besteht nach Ansicht einiger Rezensenten und Interpreten der konzeptionelle Widerspruch der Novelle? Welche Bedeutung kann diesem Bruch zugesprochen werden?

6. Autor und Zeit

1. In welche Abschnitte lässt sich die literarische Arbeit Fontanes einteilen? Nennen Sie beispielhaft einige Werke jedes Abschnitts.
2. Welchen Ausbildungsberuf erlernte Fontane in Berlin?
3. Wie dokumentiert sich nach 1830 die zunehmende Spannung zwischen Staat und liberalem Bürgertum?

4. Wann vollzieht sich die »radikale Kehrtwende« in Fontanes politischer Haltung und wodurch ist sie nach außen hin dokumentiert?
5. Wodurch zerschlagen sich im Jahr 1862 die Hoffnungen auf eine reformorientierte Politik in Preußen?
6. Weshalb bezeichnet Fontane die Zeit bei der konservativen *Kreuz-Zeitung* als »glückliche Jahre«?
7. Ein besonderes Ereignis zwingt Fontane 1870 zu einer längeren Abwesenheit von Berlin. Welches?
8. Welche Auswirkungen haben die französischen Reparationszahlungen auf das Deutsche Reich?
9. Nennen Sie Themen, mit denen Fontane sich in den Werken des letzten Schaffensabschnitts befasst.
10. Zu welcher literaturgeschichtlichen Epoche wird Fontanes Werk gezählt? Bestimmen Sie die Epochengrenzen.
11. Was versteht man allgemein unter Realismus?
12. Wie unterscheidet sich der deutsche vom französischen Realismusbegriff?
13. Verklärung im poetischen Realismus. Ihre Funktion?
14. Ist *Unterm Birnbaum* ein typischer Text des poetischen Realismus? Begründen Sie Ihre Auffassung.

7. Rezeption

1. Nennen Sie Gründe für die mangelhafte Anerkennung der Novelle *Unterm Birnbaum* in der Forschung.
2. Worin bestand die Hauptkritik der Forschung in den 60er Jahren – welche Änderung vollzieht sich in 70er Jahren des 20. Jahrhunderts?
3. Wie wird in der Verfilmung von Ralf Kirsten das unheimliche Geschehen der Novelle umgesetzt?

10. Lektüretipps/Filmempfehlungen

Einzelausgabe

Theodor Fontane: Unterm Birnbaum. Mit einem Nachw., einer Zeittafel und Anm. von Irene Ruttmann. Stuttgart: Reclam, 2001. – *Reformierte Rechtschreibung. Nach dieser Ausgabe wird zitiert.*

Werkausgabe

Theodor Fontane: Unterm Birnbaum. Bearb. von Christine Hehle. Berlin: Aufbau-Verlag, 1997. (Große Brandenburger Ausgabe. 8).

Allgemeine Informationen

Wilpert, Gero von: Sachwörterbuch der Literatur. Stuttgart [7]1989.

Wucherpfennig, Wolf: Geschichte der deutschen Literatur. Von den Anfängen bis zur Gegenwart. Stuttgart [2]1995.

Zur Biographie

Beintmann, Cord: Theodor Fontane. München 1998.
Grawe, Christian: Fontane-Chronik. Stuttgart 1998.
Nürnberger, Helmuth: Theodor Fontane mit Selbstzeugnissen und Bilddokumenten. Reinbek bei Hamburg [22]1997.

Zum Werk Fontanes

Aust, Hugo: Theodor Fontane. Ein Studienbuch. Basel 1998.
Jolles, Charlotte: Theodor Fontane. Stuttgart [4]1993.
Pelster, Theodor: Theodor Fontane. Stuttgart 1997.

Zu *Unterm Birnbaum*

Schäfer, Rudolf: Theodor Fontane: *Unterm Birnbaum*. München ²1991.

Zur Epoche

Aust, Hugo: Literatur des Realismus. Stuttgart ³2000.
Müller, Udo: Realismus: Begriff und Epoche. Freiburg i. Br. 1982.

Zur Gattung

Aust, Hugo: Novelle. Stuttgart ³1999.

Hörspiel, Puppenspiel

Pühringer, Franz: Abel Hradscheck und sein Weib. Puppenspiel von Franz Pühringer (1931).
Eich, Günter: Unterm Birnbaum. Nach Theodor Fontane. Hörspiel von Günter Eich (Auff. 3.9.1951, 14.4.1956, 3.1.1962). In: Günter Eich: Gesammelte Werke. Bd. 2: Die Hörspiele. Frankfurt a. M. 1973. S. 431.

Verfilmungen

Braun, Harald: Der stumme Gast (1944/45). Buch: Kurt Heynicke; Ufa. Erstaufführung: März 1945.
Kirsten, Ralf: Unterm Birnbaum. Mit Angelica Domröse, Erik S. Klein, Agnes Kraus. DDR 1973.

Anmerkungen

1 Brief an Ludovica Hesekiel; zit. nach Christian Grawe, *Fontane-Chronik*, Stuttgart 1998, S. 169f.
2 Bedeutendste illustrierte Wochen- und Familienzeitschrift des 19. Jahrhunderts.
3 Theodor Fontane, *Meine Kinderjahre*, Kap. 11.
4 Fontane an Georg Friedländer über *Unterm Birnbaum* und seine Figuren; zit. nach: Richard Brinkmann / Waltraud Wiethölter (Hrsg.), *Theodor Fontane. Der Dichter über sein Werk*, Bd. 2, München o. J., S. 339.
5 Heyse bezieht sich hier auf eine Novelle aus Bocaccios *Decamerone* (5. Tag, 9. Novelle). Ein verarmter Edelmann tischt einer verwitweten adeligen Schönen, die er liebt und die ihn zurückgewiesen hat, aus Not eben jenen Falken zur Speise auf, den diese zum Zeitvertreib für ihr erkranktes Kind von ihm erbitten möchte.
6 Hugo Aust, *Theodor Fontane. Ein Studienbuch*, Basel 1998, S. 102f.
7 So beispielsweise in den Berichten und Geschichten der einquartierten Schwedter Dragoner (Kap. 13) oder in der doch recht ausführlichen Gestaltung der geselligen Abende im Hradscheckschen Gasthaus (Kap. 17).
8 Die Fortsetzung der bereits zitierten Briefstelle an Friedländer; s. Anm. 4.
9 Gut zu studieren an dem hierfür oft herangezogenen Textbeispiel der ersten Seiten von *Effi Briest*.
10 Walter Müller-Seidel, *Theodor Fontane: soziale Romankunst in Deutschland*, Stuttgart ²1980, S. 220.
11 Hugo Aust (Anm. 6), S. 101.
12 Vgl. Hartmut Löffel, »Theodor Fontanes Unterm Birnbaum«, in: *Diskussion Deutsch*, Heft 66 (1982) S. 322f.
13 göttlich, heilig.
14 Kriegsentschädigung.
15 Gründerjahre: Im engen Sinn die Zeit zwischen 1871 und 1873, als die französischen Reparationen eine heftige Spekulationswelle, sehr viele Betriebsgründungen und bald darauf ebenso viele Konkurse im Deutschen Reich auslösten; im Allgemeinen sind

damit die auf die Reichsgründung im Jahr 1871 folgenden Jahrzehnte gemeint.
16 Fontane, *Von Zwanzig bis Dreißig* (Kap. 1, Charakterisierung des Lehrprinzipals W. Rose); vgl. *Frau Jenny Treibel*, wo diese verlogene Haltung und die Hohlheit des Besitzbürgertums Themen sind.
17 Müller-Seidel (Anm. 10), S. 224.
18 Winfried Freund, *Die deutsche Kriminalnovelle von Schiller bis Hauptmann*, München ²1980, S. 94.
19 Siehe Anm. 4.
20 Die nationale Bewegung im Deutschen Bund.
21 Der schwierige Epochenbegriff wird hier nicht problematisiert.
22 Fontanes wenige dichtungstheoretische Äußerungen finden sich verstreut in verschiedenen Aufsätzen; alle hier zitierten Stellen sind seiner Schrift von 1853 *Unsere lyrische und epische Poesie seit 1848* entnommen.
23 Rudolf Schäfer, *Theodor Fontane, »Unterm Birnbaum«*, München ²1991, S. 10.
24 Zit. nach: Christine Hehle (Hrsg.), *Theodor Fontane, »Unterm Birnbaum«*, Berlin, 1997, S. 147.
25 Vollständig zit. in den Anmerkungen 10 und 18.
26 Müller-Seidel (Anm. 10), S. 226.
27 Freund (Anm. 18), S. 94.
28 Schäfer (Anm. 23), S. 18 f.
29 Zit. nach: Hehle (Anm. 24), S. 148.

Raum für Notizen